如何打造

10

倍优势 小团队

UNSTOPPABLE TEAMS

让你的小团队更有爆发力

［美］奥尔登·米尔斯 (Alden Mills) / 著　向文华 / 译

民主与建设出版社

·北京·

© 民主与建设出版社，2022

图书在版编目（CIP）数据

如何打造 10 倍优势小团队 /（美）奥尔登·米尔斯
(Alden Mills) 著；向文华译 . — 北京：民主与建设
出版社，2022.3
　　书名原文：UNSTOPPABLE TEAMS
　　ISBN 978-7-5139-2902-8

　　Ⅰ . ①如… Ⅱ . ①奥… ②向… Ⅲ . ①团队管理
Ⅳ . ① C936

中国版本图书馆 CIP 数据核字 (2022) 第 025253 号

UNSTOPPABLE TEAMS, Copyright © 2019 by Alden Mills
Published by arrangement with HarperBusiness, an imprint of HarperCollins Publishers

著作权合同登记号 图字：01-2022-0807

如何打造 10 倍优势小团队
RUHE DAZAO 10BEI YOUSHI XIAO TUANDUI

著　　者	［美］奥尔登·米尔斯 (Alden Mills)	
译　　者	向文华	
责任编辑	程　旭	
封面设计	红杉林工作室	
出版发行	民主与建设出版社有限责任公司	
电　　话	（010）59417747　59419778	
社　　址	北京市海淀区西三环中路 10 号望海楼 E 座 7 层	
邮　　编	100142	
印　　刷	北京盛通印刷股份有限公司	
版　　次	2022 年 3 月第 1 版	
印　　次	2022 年 4 月第 1 次印刷	
开　　本	880 毫米 ×1230 毫米　　1/32	
印　　张	8	
字　　数	150 千字	
书　　号	ISBN 978-7-5139-2902-8	
定　　价	56.00 元	

注：如有印、装质量问题，请与出版社联系。

引言

"我们一直站在你的身后"

"海豹突击队绝不允许出现一群'兰博'！"我的耳边依然回荡着史密斯教官带着浓厚波士顿口音的咆哮声。约翰·兰博曾单枪匹马深入敌后，完成了不可能完成的任务。不过，在我们基本水中爆破训练学校（BUD/S）的海军教官看来，"兰博"可是一个贬义词。这位孤胆英雄居然认为仅凭一己之力就足以完成一切任务。史密斯教官喜欢重复这句话："海豹突击队绝不允许出现一群'兰博'！"

当要加入海豹突击队的年轻男女首次听到基本水中爆破训练学校训练时，他们就开始因为即将到来的残酷的体能训练而感到心绪不宁。不过，保证你过关的关键其实在于心理、情感、体力三者之间的平衡。另外，还有一点很重要，那就是队友之间的配合，队友可能是你在海豹突击队（SEAL）服役期间的最大收获。史密斯教官的观点无疑很明确。团结协作才能完成任务，虚构的兰博式人物根本无法做到这一点。

我之所以对于这种观点非常认同，完全源自我的切身体会。我曾领导了三个海豹突击小队，并在这个过程中体验到了，海豹突击队是如何打造不对称优势的。不管是在波斯尼亚山区追踪罪犯时，还是夜间在水下 10 米处猎捕小型潜水器时，在手势成为唯一的通信手段的情况下，这种不对称优势均对我们产生了巨大的帮助。**海豹突击队的共同目标和一致心态是"我们一直站在你的身后"。**我们将团队的成功置于个人需求之上，因为团队的需求其实也代表了我们的个人需求。

如果是几个人凑在一起，干出了一番惊天伟业，那么我们其他的人肯定会认为不可思议。像大卫战胜歌利亚一样，力量悬殊的故事总能吸引着我们的注意，并对我们产生激励作用。无论是一支排不上号的篮球队打败了一支没有败绩的强队，还是一家默默无闻的创业公司一夜之间摇身变为市场领军者，我们都会为成功的弱者而欢呼，甚至梦想也能像他们一样——一群普通人组成紧密的团队，在艰难的环境中，投身于意义非凡的事情。**这也就是我所说的具备不对称优势的团队，即所有人都怀揣共同的使命感，遵守对彼此的深刻承诺，为实现共同目标而付出不懈努力。**你当然可以随心所欲地把各位超级巨星聚在一起，但他们很难变成一支具有不对称优势的团队，除非他们做到信任彼此，同时也相信共同的使命。

具有不对称优势的团队并不局限于军队中的精英部队。在体育界、商界、社区，乃至各行各业，若想要挣脱困局并脱颖而出，你就必须有能力打造具有不对称优势的团队。这听起来可能很疯狂，甚至有些"超人化"，但这并不是完全不可能的。当然，你其实无须通过基本水中爆破训练学校的训练也可以建立不对称优势。不过，如果能结合美国海豹突击队的团队建设课程，那么你自然会取得事半功倍的效果。毕竟自过去 55 年以来，美国海豹突击队的团队建设课程培养出的是一支又一支传奇队伍。显然，美国海豹突击队打造高绩效团队的方法对于企业、非营利组织、运动团队来说都是值得借鉴的。

　　形式可能各式各样，规模可能或大或小，不过，在建立具备不对称优势的团队时，有一点是共通的：理解人类的情感、动机和价值观。这种"理解"既复杂又简单，关键在于你必须"关心"。在任何团体中，关心都是建立信任和维系自身持久性的基石。当人们感受到来自他人的关心时，当他们关心手头的任务和目标时，他们就愿意跨越出舒适圈，去做一些超出自我想象范围的大事。

　　接下来的问题是，你如何让人们跨越切身利益的安全界限，加入一个具有不对称优势的团队。**我发现，通过经验积累和训练，可以将 4 种行为——连接、实现、尊重和赋权，结合起来，而这就构成了每个伟大团队的核心。我称之为"关怀"循环（Connect, Achieve, Respect and Empower, CARE）。一旦这四种关怀行为被激活，一切皆有可能。**军事战略家认为，美国海豹突击队（以及其他军事特种部队）拥有 10 倍于传统部队的战斗力，而这绝不是随随便便就具备的。其实，这种顶级的团队能量——我称为不对称优势，并非海豹突击队所独有，任何构造良好、功能强大的小型团队都可以具备这种能量。作为美国发展最迅速的消费品公司的创始人，创业的整个过程让我对此深有体会。我的公司很像一支海豹突击队。公司的能量来源于小部分人，这些人背景不同，技能不同，但每个人都为了共同的目标全力以赴——让我们的核心产品（完美推送设备）成为类别定义型产品。由此产生的结果很惊人，在同规模比我们大10倍的企业的竞争中，我们的团队只用了短短两年时间就实现了1亿美元的收入。

因为参加过高中和大学的冠军赛艇队，所以我也在体育运动方面见识过不对称优势的局面。赛艇可以说是最具团队特色的运动，比赛的输赢完全取决于8名团队成员能否完全同步。有一次，我代表美国海军学院参加比赛，我们的船员大部分都是第一次参加比赛的新手。当时，我们的竞争对手来自美国大学体育协会第一级别（Division 1），他们全是经验丰富的桨手。不过，我们一如既往地通过努力拿到了冠军，而这份努力显然要归功于我们打造不对称优势的能力。

想象一下，你周围都是一群不会让你失望的人。在你看来是一个障碍，在他们看来却是一次机会；当你害怕时，他们会转身支持你；当你疲惫时，他们会不眠不休地继续工作；当你缺乏信心时，他们会安抚你，打消你的疑虑。简而言之，这群人让你感到所向披靡。我很清楚这是一种什么感觉，因为从战场到会议室，我一次又一次地在体验这种感觉。**人们之所以势不可当、所向披靡，关键就在于他们共享一种能量。**

这种能量使得团队中的每个人都得到了强化，并更加聚焦。成员们借此不断增强着自身优势，同时也在克服自身的弱点。

想成为一位伟大的团队建设者，你首先需要学会，如何成为一位了不起的关系建设者。这是你的起始点。在第一章中，我会讨论每个伟大团队的基本构成：你和你内在的"团队"。在你激励他人、影响他人之前，你必须认识自己，找出对自己而言最重要的事情。你的"第一个团队"也是唯一由你自己掌控的团队。在美国海豹突击队，他们把"该团队"称作"武器平台"，而我则视其为"行动平台"。在你自己都没有感觉到被激励和被说服的情况下，你觉得自己能够影响和激励他人，让他们自愿加入你的团队，并为某些目标而奋斗吗？显然，首先，你必须学会掌控自己的思想、感受和行为。

在你了解自己的"行动平台"的驱动因素之后，第二章会介绍具备 10 倍优势的团队队员所具备的 7 个特征。团队建立在人际关系的基础上，因此要建立一支具有不对称优势的队伍，你必须学会与各种人建立关系。这是团队建设过程中的关键步骤，因为团队里需要各种人才。**最强大的团队基于思想多元，但不是心思各异。**了解不对称优势所必须具备的 7 个特征，将极大地帮助你学会与形形色色的人建立联系，这些人会为你的团队带来多种多样的技能。

在接下来的章节中，我们将深入探讨由4个部分构成的"关注"（CARE）框架，它是每个具备不对称优势的团队获得成功的核心。我们将关注"情感联系是如何形成的""如何建立和实现目标""为什么相互尊重是一种可再生资源""赋权是如何保证团队动力的"这4个问题。在了解"关怀"循环之后，我们将把重点转向另外一群容易被你忽视和低估的潜在队友。他们就是你的客户、你的供应商以及你所在的社区——3个C（customers，contributors，community）。通过拓展团队的定义，团队的影响力将得到加强，并形成10倍于对手的不对称优势。

有个好消息是，你完全不必连续一周牺牲睡眠时间，夜以继日地拖着疲惫的身体，忍受心理上和情感方面的折磨，以此来学习这些技巧。基本水中爆破训练学校会对受训者进行配对，每个人都会负责帮助对方完成训练，配对的人也就是你的游泳伙伴。显然，这也是我将为你们做的事：我会成为你们的游泳伙伴。每到一个步骤，我都会陪伴你们，鼓励你们，同时也挑战你们。我希望你们能摒弃陈旧的观念，开启新的行为，促使你和你的团队完成更多超出你们想象的任务。

当今时代，我们比以往任何时候都更需要强大的团队来解决世界所面临的挑战。一家公司，一个社区乃至一个国家都必须依赖良好的团队合作，才能发挥自身的优势。本书详述的各种行动方法，与海豹突击队、成功的企业家所采取的方法是一样的；同样地，这些方法也为诸多非营利组织的领导者、首席执行官、教练以及体育健将所用。这些行动方法深入调用了人类精神的力量，不断激励人们超越自身的感知极限。

我想再一次引用史密斯教官的话："现在就冲进海浪里，全身打湿，沾满沙子，你们只有 90 秒！"还好，诸位读者朋友无须打湿身体，也不用全身沾满沙子，就能翻开新篇章，但你们要准备好一头猛扎进这本书的"文字海洋"中。我们在第一章的"冲浪区"再见。

Hooyah！（这是海豹突击队员的叫声，因为他们的激情被点燃了！）

第一章

聚　焦

先和自己来一场深度对话

如果想打造一支具有 10 倍优势的团队，那么你最先团结的人应该是你自己：心理、情绪和身体。作为一个团队的核心，如果你的内心充满着各种相互对抗的噪声，那么怀疑和恐惧就会腐蚀整个团队的斗志和信心。切记，你的关注重点将决定你的行为。

第二章

特　征

团队具备 10 倍优势的 7 类表现

虽然个人无法拥有无所不能的超能力，但借助团队，人们大幅拓展了自己可以实现的目标。要想完成那些过往经验无法支撑的目标时，就需要依靠具备 10 倍优势的团队。这样的团队通常会表现出 7 个核心特征：能力、看法、沟通、干劲、谦逊、灵活及无私。要想打造这样的特征，则必须开启 CARE 循环。

联 系

夯实信任关系的 3 "C" 模式

打造 10 倍优势，必须启动 CARE 循环，而 CARE 循环的第一步就是"联系"。稠密的联系可以强化团队的能量等级，联络更多的资源。对于实现"超视距目标"而言，这构成了核心基础。领导者可以从三个方面激发团队的联系：交流、信誉和忠诚。

实 现

树立"超视距目标"的 5 种行为

整个世界的变化速度越来越快，机会和不确定性之间成了一块硬币的正反面。这种情况下，团队目标的"超视距"的属性会越来越强。在经验的支撑作用越来越间接的情况下，团队所能凭借的只有自身的"10 倍优势"。对于领导者而言，有 5 种行为可以让团队围绕目标牢牢地凝聚在一起，它们分别是：追求、设想、评估、确信、感激。

────────── 第五章 ──────────

尊　重

不安全感会腐蚀团队的凝聚力

人们感受到威胁时，本能的反应就是躲和逃。因此，如果领导者真想彻底激发团队的创造力，那么就必须让团队成员感到绝对安全。只有如此，团队成员才敢于无保留地贡献自己的聪明才智。塑造安全感的前提就是尊重。

────────── 第六章 ──────────

赋　权

让团队成员既有意愿又有能力

对于瞬息万变的时代而言，在把握机会和处理问题方面，有些领导者其实并不比团队成员高明多少。因此，领导者应该首先构建起完善的学习机制，让整个团队的能力共同提升。当各种分享措施成了一种习惯时，团队成员的能力不但可以得到提升，凝聚力也会得到同步强化。在分享知识的基础上分享权力，整个团队的效率就会大幅提升。

—————— 第七章 ——————

盟　友

通过"关心"激活不对称优势

CARE 循环不光应该在团队内部使用，任何领导者都应该致力于将在更大的范围中发挥其效果。围绕核心目标，将各种连接变成杠杆，让团队超越既有的组织边界，这样就能动员更广泛的外部力量。团队成员、顾客、供应商……当所有人都由衷希望既定目标能够实现，并愿意施予援手的时候，你的团队就将所向披靡。

第一章

聚　焦

先和自己来一场深度对话

如果想打造一支具有 10 倍优势的团队,那么你最先团结的人应该是你自己:心理、情绪和身体。作为一个团队的核心,如果你的内心充满着各种相互对抗的噪声,那么怀疑和恐惧就会腐蚀整个团队的斗志和信心。切记,你的关注重点将决定你的行为。

　　如果不仔细观察他的步态，你很难注意到他有一点微跛，那样你就永远不会知道他失去了左臀颊。虽然我们从来没有当面大声嚷嚷过，但很难不把他想成是"半屁股"教官。不过，实际情况是，他笑吟吟地给了我们一拳重击——这是典型的海豹突击队式幽默，他戏称自己为"半屁股"教官，同时提醒我们，就算他只有半边残缺的屁股，他也比我们这些健全的人做得更多。我永远不会忘记初次见他时的场景。当时，我们准备进行最后的体能准备测试。他站在一尊真人大小的好莱坞虚构怪物的雕像前，那座雕像的脖子上挂着一块铭文木牌，上面写着"因此你想成为一名蛙人（同时也是美国海军作战爆破队的别称）"。这位老兵曾奇迹般地从火箭推进式手榴弹的伏击中生还，同时把自己身体的一部分留在了湄公河三角洲泥泞的水域。

122 名呈立正姿势的男子，把这位英雄和蛙人雕像围在一个半圆里，这个蛙人雕像以进攻的姿势僵在那里。"半屁股"教官说："181 班的考生，到这里集合。我要告诉你们一个小秘密。"

听到他说"秘密"这个词后，我们匆忙地聚集到他身边。

"我想让你们知道怎样通过美国海豹突击队的训练。其实并不难，你们知道的。"他要吊住我们的胃口，因此故意停顿了一下……为了听见他的答案，我们靠得更近了。"你们只需要决定自己愿意付出多少。你们知道吗？我刚好听说，你们中大概 80% 的人并不愿意为了成为海豹突击队员而付出代价。"

他又顿了顿。

"你们明白吗？你们都只想在阳光灿烂的日子里当海豹突击队队员，但如果都是这样的好日子，你们的国家根本不需要什么海豹突击队。只有当阴霾恐怖的日子降临时，这个国家才会需要这群人。"

他说这话的时候，我一直觉得他身边的那只"生物"会复活过来，对他的这番独白表示赞同。第三次了，他又顿了一下。

"如果天气转冷，天空阴沉，空气潮湿，而你们头上响起的噼啪声并不是雷声，那这些声音就是想置你们于死地的人发出的……你们要是正好在那一天成为海豹突击队的队员，那该有多糟糕啊！"

他没有马上给出这个问题的答案，而是用眼睛扫视站在他面前的年轻人。

"因此，这就是我的工作——弄清楚你们中究竟有多少人愿意付出代价。你们知道我会怎么做吗？我将让这里（他指着自己的头）和这里（又指着他的心脏）进行一次对话。"

"并且，我打算像日本人制造武士刀一样来进行这场对话。"他把手举到胃的水平位置来展示这个过程。

"你们知道他们是怎么制造武士刀的吗？"

没有人回答，他把手握成杯状。

"他们会拿一大块金属，先把它加热"，他把右手蜷成球状，接着使劲敲打自己握成杯状的左手，"然后，造刀的工匠会这样持续猛砸这块金属。接下来把它浸入冷水中。你们知道把一块金属铸成一把武士刀，需要重复这个过程多少次吗？"

我们缓缓地来回摇头，害怕听见答案。

"大概 2000 次。我认为这个数字也是接下来的 9 周里，我们淬炼你们的次数。"

接着他告诉我们，他会怎样给我们"加热"，怎样"猛砸"我们，又会怎样把我们放在冷水中"冷却"。他甚至向我们介绍了他的"锤子们"——这 25 名教官将带领我们度过训练的第一阶段。

"现在算是帮你们自己一个忙，在参加测试之前，认真想想要成为一名海豹突击队队员到底有多糟糕。因为一旦通过测试，星期一早上一到，你们就得转移到我的训练场了。"

我们中的大多数人期待这一刻至少两年了。如果你像我一样，是通过海军学院进来的，或是通过后备军官训练队计划进来的，那么需要花 4 年时间；那些通过基础训练或从海军部队转过来的人，则需要花费一两年的时间。我们已经完成了两项测试，现在我们面临着正式进入海豹突击队训练学校之前的第三项测试，也是终极挑战。在过去的 7 周里，我们一直在学习掌握成为海豹突击队候选人的每个窍门，比如，学习如何穿复古的军装，如何进行"糖饼干"练习。横亘在我们与正式的海豹突击队训练之间的唯一障碍，就是这次终极身体测试。这次测试其实和我们前面参加过的多次测试完全一样，而那些我们都顺利通过了。我们就要成功了，不是吗？

毕竟，我们比以往任何时候都更加坚强。为了迎接这一刻，我们也都打了心理预防针，因为受到"半屁股"教官的鼓励，我们调整好了大脑和心灵之间的对话。我站在候选人同伴们的中间，他们都很健康、敏捷；单就运动方面来说，我个人认为自己处于 122 人中的中等水平。我和其他人一样，之前也完成了两项测试，因此觉得这次也不会有什么大问题。测试结束后，我们的首席教官在星期一早上宣读了即将开始海豹突击队训练的候选人名单。听到最终结果时，我简直不敢相信自己的耳朵——122 名新兵中居然只有 64 人通过了最后的测试。

怎么会这样？为什么班上一半的人都被"判定"没有通过考试？其实，用"半屁股"教官的话来说，他们与自己进行了交谈，并做出了退出的决定。这些候选人断定成为海豹突击队队员要付出的代价实在是太大了。他们完成了培训，也掌握了技能，却仍然以失败告终。他们的头脑，包括他们的身体，都投入了训练，但他们的心却没有投入。

我之所以同你们分享这个故事，因为它凸显了，为了建立具有不对称优势的团队，你必须最先解决的一个问题。**你必须建立并且领导的第一个团队，其实是你自己的团队，即你的内心。** "半屁股"教官奥尔先生谈到进行头脑与内心的对话，其实正中要害。这样的对话正是每个人在领导自我时所需要的。

尽管当时我并没有完全理解这位狡黠的老兵的建议，但几个星期后，我却发现自己正在进行大脑与内心的谈话，其主题是为实现"成为海豹突击队队员"这个目标，我究竟愿意付出多少努力。"防溺测试"是一种游戏：你的双手会被绑在背后，双脚被捆在一起，在这种情况下，你需要游近 300 米。结果，在我们进入游泳池之前，就有两名候选人退出了。我们可以试想一下这场大脑与内心之间的对话。你收到了游泳的指令，但你压根儿就不具备帮助你游泳的条件——你无法使用双臂和双腿。我们会自然而然地想道：稍等，我需要手臂游泳。如果没法用双臂，那我可游不了。这就是对话的开始。然后，大脑会进一步将这个讨论引向深处："等等，教官说了，你可能会因此丢了小命，值得吗？"接着就会出现一个刺眼又折磨人的问题："这个测试的目的究竟是什么？"**如果任由自己纠结于这种想法，你就会产生一种螺旋式下降的消极想法，并且会让你在尝试之前就轻易地产生挫败感。这些负面情绪也可能致使你做出一些与你的目标背道而驰的举动—— 一切甚至都还没有开始，你就已经退出了。**

我在吃了一堑之后才了解到，螺旋式下降的负面情绪的风险。我是"地狱周"课程的班长，也是唯一的军官。181班刚开始进行"地狱周"训练时有34名候选人，其中有33名士兵和1名军官（我）。在6天之内，班级人数减少到了18人，而接下来我们还有20周的基础训练。于我而言，这不是值得骄傲的时刻。在海军学院接受了4年的领导力培训之后，我第一次成了一名真正的领导者。然而，仅仅过了6天，"我的"队员已经从64人锐减到18人。海豹突击队所有的教官想尽办法，让我时刻记住自己所展现的领导技巧是多么差劲。他们试图利用整个小组的失败来暴露我的弱点，并迫使我与自己再进行一番谈话，承认自己是非常糟糕的领导者。

那些对话确实很艰难。我的教官列举了一堆事实，以此来说明有多少同学因为我的"命令"而退出。教官们反复问我："先生，如果你连自己的班级都带不好，凭什么你认为自己可以领导一支海豹突击队？"他们爱问的另一个问题是："先生，我们很好奇，带领一个退学人数最多的班级是什么感觉？"他们毫不留情地直戳我的痛处。这让我非常困扰。他们能够察觉到我的困扰，但这却使得他们变本加厉。坦白地说，我最接近放弃海豹部队训练的原因其实与身体上的疼痛无关，更多是由于我的精神痛苦。这些痛苦都是因为我不断质疑自己的领导能力而引起的。在"地狱周"带领我的班级时，我常常因为自己是班上唯一的军官而顾影自怜。在自我怜悯时，我的脑子里充斥着抱怨的声音。这种声音说，这不公平，你不应该是唯一的军官。然而，也许教官们说得对，这确实全是我的责任。我是所有人放弃训练的原因吗？对于内心深处的自我怀疑而言，外界教官们的批评无疑是火上浇油。若不是有一个更强大的内在声音激励我继续前行，我很有可能就会屈服于这些杂音了。

是不是听上去很耳熟？你是否在团队最需要你的那一刻，

突然陷入自我怀疑和自我责备的糟糕境地？

在走出自己的舒适区时，你身上是否也发生了这样的情况？其实不需要通过一周的海豹突击队训练，你就会听见这些诱惑自己偏离目标的噪声，并因此承受痛苦的内心冲突。沉湎于可能发生的坏事、自身的不足、即将降临的不良结果……这类想法简直太容易滋生了。**不管是你内心深处的，还是来自周围声音最洪亮的批评者们的，这些负面噪声几乎到处都是。这种噪声阻碍了我们的脚步，而我们的团队也因此畏缩不前。当你满脑子都只有自己的杂念和担忧时，你怎么能完成手头的任务呢？如果你无法对自我进行管理，又怎么能领导别人呢？**

相比于我在海豹突击队培训中所面临的挑战，也许你的处境并没有那么戏剧性。不过，在当今时代，处理充满风险和不确定性的极端情况是每个领域的必修课。当领导一个团队时，你与自己对话所产生的效果会被放大，有时候这是有益的，有时候却是有害的。在"地狱周"带领海豹训练队班级时，我对此深有体会。当我感到寒冷并把注意力集中于自己的痛苦时，我的同学们目睹了我的行为，因此也做了同样的事情。然而，当我能够将注意力转移到更大的范围时（比如，积极带领我的团队通过一场训练，此时失败真正转化为了一次机遇），我的团队成员才有可能克服对于现实情况的怀疑，并采取同样的应对行为。领导具备不对称优势的团队的基石就在于领导自我的能力——我称之为"你的平台"。无论你是身临太平洋冰冷的水面下，还是处于银行清算部门的"炮火"中（银行想赶快没收你的房子，宣布你的公司破产，那样就能快点拿回他们贷出去的钱），其实这些都不重要。**因为历史总是惊人相似：只专注于自己，自己有什么不足、自己渴望什么，接着自己就会落入困局。相反，如果你把注意力集中到需要完成的事情上，集中到如何让其他人支持你去实现那个目标，你将会变得所向披靡、势不可当。**

无论做什么，你的一切行为都会反映在你所领导的成员身上，并进一步放大，这些行为同时也是你的大脑和心灵之间反复对话的产物。学会发起这种自我对话，是领导未来队友的第一步。

也许再没有比欧内斯特·沙克尔顿（Ernest Shackleton）爵士的故事更让人热血澎湃了，他战胜各种争议，英勇地领导船员进行了长达两年的南极探险旅程。1914 年，欧内斯特·沙克尔顿与 22 名船员一起登上"坚韧号"，踏上了远征南极之旅。他立志要成为第一位徒步穿越南极洲大陆的探险家。自 1911 年挪威的罗尔德·阿蒙森 (Roald Amundsen) 成为第一位到达南极的探险家后，沙克尔顿的远征之旅筹备了两年。他得到了皇室和富人的支持，并在温斯顿·丘吉尔的帮助之下，作为海军部的第一任领主，率领着他亲自挑选的船员一同起航前往南乔治亚岛。当地的渔民曾警告说浮冰还很厚，建议他等一个季度后再尝试探险。

　　其实，先前已经有 3 名先遣供应团队的成员因为糟糕的领导和计划而不幸罹难。然而，考虑到第一次世界大战逐渐胶着，沙克尔顿不想空等一年再进行跨越南极的历史性尝试。于是，他起航前往威德尔海（离开南极洲海岸），而自 1915 年 1 月 24 日开始，"坚韧号"一直困于在威德尔海的浮冰中，直到 1915 年 11 月 21 日才沉没。此时，沙克尔顿真正开始领导团队。对于人类的忍耐力和求生欲而言，接下来发生的一切备受后来人的瞩目。

　　为了让船员们在这趟危险的旅程中获得生机，欧内斯特爵士需要做出各种努力，各种斗争，他也常常把这些事件记录下来。"坚韧号"沉没后，全船人划着一只 8 米的小船，航行了 500 海里后到达象岛，又顶着飓风航行了 1100 海里，最终才回到了南乔治亚岛。哈佛商学院历史学家南希·科恩（Nancy Koehn）根据这个令人难以置信的故事写了一篇"关于沙克尔顿领导技巧"的案例研究。她在《纽约时报》中指出：

> "坚韧号"沉没后，沙克尔顿被困在了冰上，留给他的只有 3 只小型救生艇、几顶帐篷和一些物品。他意识到自己必须承担起新的生存使命，这种使命感不单是语言和行为层面的，还体现在自己的身体承受力和散发的能量里。

沙克尔顿不时面临自我怀疑的困扰，但从未让他的船员们察觉出来。他是第一个代表船员做出牺牲的人。他指挥其他人丢下所有不必要的物品，并特意将自己的金怀表留在了冰面上；他把手套给了摄影师弗兰克·赫尔利（Frank Hurley），自己的手指最后却被冻成了冰块；他帮着做饭，以确保每个人每 4 个小时吃一餐。他经常连续放哨，让其他船员有更长的休息时间；他还经常为大家破冰开路。据船员弗兰克·沃斯利（Frank Worsley）描述，他的这位老板一直秉持这样的态度："任何贫困匮乏都应该由他最先体验——这是他的规矩。"

当沙克尔顿最终带着全体船员返回英国时，所有人都认为他的探险是失败的，但他的船员们却把他奉为救世主。如果沙克尔顿没有首先注重对自我的领导，那么整个团队很难幸存。他很清楚，他的个人行为将决定整船人的生死。

我们中几乎没有人会遭遇"坚韧号"的船长和船员们所面临的困境。当然我引用沙克尔顿的故事并非要突出他们的困境，而在于让你体悟到领导者关注点的重要性，因为它决定着团队的成果。如果沙克尔顿和他的工作人员依据的是比较容易让人接受的思维方式，以沮丧消极的态度面对浮冰，那么一想到他们的船只将随着他们远征南极的目标一起沉没，结局注定是死亡。

沙克尔顿能够在进行内心的对话时，将注意力放在寻求成功的方法方面，而不是自怜自艾，亦不是纠结于自己让团队囿于困境的事实，从而避免直接影响团队的士气，也避免影响船员们关注的焦点。我们都曾面临过这样的情况：我们的大脑要求自己停下来，而我们的内心却告诉自己不该停下来，这时，我们的思维和情感会因此发生冲突。**其实，我之所以鼓励你同自己进行"非常对话"，就是为了应对这种情况。这样的对话会让你明晰自己的目的和方向，也使你对自己的行为，对自己的团队有清晰的认识。**

虽然我未曾驾着一只 8 米的小船在南极洲寒冷的海水中航行近 1600 海里——这样的挑战我从未经历过，但我确确实实在创业的过程中经历了自己的"沙克尔顿时刻"，这种"时刻"持续的时间同"坚韧号"的船长将船员们安全送回家的时间一样长。

故事是这样的。在我的完美健身公司（Perfect Fitness）被 Inc. 杂志认证为全美发展最快的消费品公司（总排名第四）之后，银行却冻结了公司的信贷额度。当然，我在这里并不准备扮演受害者的角色。我们刚刚告诉银行经理，我们违反了信用合同中的担保协议，当时是 2009 年 3 月，正值全球经济衰退的高峰期。我们获得了 1500 万美元的信贷额度，同时还欠着 880 万美元。于是，银行断定我们不再适合继续获得贷款，那时我们和银行的合约才刚开始了 6 个月。

银行家们希望我们在 30 天内偿还贷款。他们关注的焦点在于："银行在 30 天内可以拿回多少钱呢？"他们希望这同样也是我们的关注重点。银行家们愿意就偿还数额同我们进行协商。一旦我们认同他们所关注的重点，我们就会在偿还贷款后的第 31 天破产。然而，我们关注的焦点则在于，如何化解接踵而至的风暴打击，先是银行变卦，接着是零售业的变天，再到金融市场的波动。银行辩解称，他们的担忧并非空穴来风。在先前的 3 个月里，由于整个市场的风云变幻，公司的销售额急剧下滑。因此，站在银行的立场上，把关注点放在他们有可能失去的东西上肯定是情有可原的。

不过，对于我的团队而言，重点当然是如何活下来，如何适应变化，使自己变得更强大，并准备好采取新举措。**我从这场危机中学到了不少其他的经验教训，但现在我想让你记住的是：你的关注重点将决定你的行为。**我和我的团队选择将重点放在说服银行再多给我们一点时间上，而不是尝试着在贷款余额的问题上讨价还价。为此，我们专门建立了一个团队，说服银行家们与我们统一重点。

猜猜结果如何。日复一日，周复一周，银行团队渐渐地将他们的关注焦点转移到了我们的关注重点上，即放宽时间，让我们全额偿还贷款。11 个月后，我们不仅偿清了每一分贷款，也让公司活了过来，我们的生产线也在继续发展。

作为一名企业家，我可以驾驭这股不确定因素，因为我过去就是这么做的。就像我在海豹突击队的教官们一样，银行家们不停地对我们说，我们做不到。他们说，现在就放弃吧，因为这是你们唯一的选择。即便如此，我们的关注重点却驱使我们采取了不同的行动——寻找能让公司继续运营和发展的方法。我们建立了自己具有不对称优势的团队，同时也逾越了许多所谓专家声称的无法逾越的障碍。每当你面临挑战时，无论是驾船行驶在冰冷的茫茫海水中，还是要躲开银行向你发射的预告破产的"炮火"，你首先必须做的事就是掌控自己脑子里的谈话。**你需要建立一个强大的平台来领导他人。即使周遭充斥着劝你放弃的声音，你也需要具备稳住自己的关注重点的能力，以及激励团队成员屏蔽这些杂音的能力。**

在社交媒体和 24 小时不间断新闻的时代，学习如何关注真正重要的内容比以往任何时候都重要。为了获得洞察力和灵感，我经常提到目前较为经典的詹姆斯·伯克 (James E. Burke) 的例子。伯克曾在 1976 年至 1989 年担任强生公司的首席执行官。在职期间，伯克遭遇了严峻挑战，这家成立于 1887 年的公司可能因此破产。1982 年，一个身份不明的嫌犯将掺杂了氰化物的泰诺胶囊放上了零售货架，致使芝加哥地区有 7 人死亡。

当时，泰诺胶囊在价值 12 亿美元的镇痛药市场中占有高达 35% 的市场份额。病人的生命岌岌可危，强生公司的未来也是朝不保夕。

伯克组建了一个 7 人团队专门应对危机，正是他的领导和指示改变了危机的进程，并最终为公司带来了创新和机遇。当这位工作了 40 年之久的强生老兵回忆起自己所做的决定时，他更愿意将之视为一次针对团队努力的"对话"：挽救生命，也挽救泰诺。

伯克回忆道："无论什么时候，只要我们能从精神层面深刻关怀我们的顾客，利润永远不是问题。"

他做出了一系列影响深远的决定。他下令召回所有泰诺胶囊——总共超过 3100 万瓶。他每天都会打电话给所有主要新闻台的负责人，让他们知道强生公司的处理进度。他下令让团队制造新的防破坏药瓶，并在新瓶盖生产完工之前停止销售所有泰诺胶囊。在他做出决定后的几个星期内，泰诺的市场份额暴跌至 7％。然而，随着强生公司应对危机的消息传出，公司的销售额开始反弹。到 1982 年年底，泰诺的市场份额已经攀升至 30％；次年，这个数字变成了 35％。伯克先生的决定最终引领他来到了白宫，并为他赢得了平民能够获得的最高荣誉——总统自由勋章。当被问及为何做出这一决定时，他引用了强生公司现在非常著名的信条——客户的需求高于股东的利益。

"在这一点上，信条就是我们的宗旨。信条为我提供了有力论据，得以说服股东和其他人花费 1 亿美元召回泰诺；也是信条帮我们卖掉了这些泰诺胶囊。"

领导者需要独自进行心灵与大脑之间的对话，而对话也在进行之中——这是一件好事。领导者不断地检视自己的想法和信念，显然是健康而富有成效的，这有利于找到一种方法，来协调领导人内心的对话与团队实际需求和目标之间的关系。

最轻松也最合乎逻辑的做法就是放弃或妥协，即便这样的结果会与你的长期目标背道而驰。然而，像沙克尔顿和伯克这样勇敢无畏的领导者们不会做出这样的选择；刚好相反，他们确实考虑了这些杂音，但随后就将自己的精力和团队的努力重新转移到某些领域，比如最重要的原则、价值观以及抱负。**请记住：你的关注点驱动着你的行为，而你的团队会效仿你的行为。先领导自己，然后你才能领导你的团队。**

你可以控制的只有 3 种东西：你的心理素质、身体素质以及情感。正是如此，我们无法控制天气或我们的竞争对手，也无法控制市场或我们的员工。甚至作为父母，我们也无法控制我们的孩子！不过，我们可以控制自己的想法，自己的感受，自己的行为，以及对发生在自己身上的事情的反应。简而言之，专注于你可以控制的内容，决定你想做出什么反应，然后画上句号。我们的行为完全取决于我们的关注重点。

公式：聚焦，感受，行动。这个公式适用于个人，同时也是所向披靡的领导者打造具有不对称优势的团队的方法。我们对于关注的事情会产生一种感受，这种感受驱动着我们做出一种行为，而这种行为进而会导致另一种行动。由此产生的行动要么会强化我们的关注重点和感受，要么改变它们，进而导致另一种不同的行动。难就难在要试着厘清我们内心所有的声音。

你应该听说过这句话："黎明前的夜最黑暗。"（这是真的，顺便说一句，黎明前也是最冷的！）问题的关键在于，当你身处"最黑暗"的地方时，这些声音极其容易分散你的注意力。如果你不能辨别该听哪些声音，你就可能成为杂音的受害者，永远无法看到黎明的第一道曙光。了解哪些因素驱动着我们内心的声音，学习如何让这些声音为你所用，这会成为你和你的队员的巨大优势，从而使你们势如破竹、势不可当。

正反馈：利用大脑机制构建新神经通道

人类的大脑早在 200 万年前就已形成。时过境迁，大脑的某些方面却并没有随之发生大的改变。神经科学研究证实了 3 点：

1. 我们的大脑有与生俱来的自我保护机制。
2. 大脑其实很懒。
3. 人体所产生的重要化学物质会对人的思维和感受产生巨大影响。

在很长一段历史时期内，人类都在严酷的环境中挣扎生存；如今，大多数发达国家的人们都生活在远比过去优越的环境中，但人脑依旧保持着过去的运行机制，并认为世界形势一如既往地恶劣。明白了这一点，就会明白为何我们的大脑最在意规避风险、保护自我、迅速做出"战或逃"的反应。

我所谓的"我们的大脑很懒"，其实是指大脑会没完没了地注重节省能量。在人类历史的某个阶段，由于食物短缺，能量（卡路里）对于人类的大脑格外宝贵。思考会耗费大量的精力，因此寻求最简单的方案符合自身利益最大化的原则，而大脑尤其擅长编造各种理由来逃避某些问题。你是否想过：这样做究竟有什么意义？或是，为什么我的大脑会做出这样的反应？抑或是，其他人也会这样做吗？其实，产生逃避心理或采取逃避措施的症结就在于人的大脑。大脑试图通过规避风险，避免挑战来节省能量。

最后一点，大脑的功能与营养、睡眠、锻炼有着直接联系。这3个要素对大脑的运转起着支柱性的影响，并且三者之间联系密切。我们都听过这样一句俗语："人如其食。"说得更啰唆也更全面一点就是："你吃的食物如何，睡眠质量如何，运动频率如何，你就会如何思考。"

如果你整天吃薯片、夹心蛋糕、意大利面，当糖分的刺激逐渐褪去，你就会变得精神萎靡，处理复杂任务的效率也会降低。对于睡眠而言，道理也是一样的。你有没有熬过24小时、48小时甚至72小时？我参加海豹突击队的训练时，曾经熬夜超过96小时。你知道这样做的后果是什么吗？你会产生幻觉。大脑需要通过睡眠恢复活力。睡眠质量越高，大脑的功能越强。锻炼也是如此。在运动期间人的心率会上升，血液循环会因此改善，这就意味着更多的血液流向大脑，而

血液中携带的营养物质、氧气、刺激大脑功能的关键激素，
也随之流向大脑。

你也许会问，这跟团队建设有什么关系？事实上，了解
大脑的运作模式能够让你明白，如何帮助他人专注于最重要
的事情。大脑其实很狡猾，它总是试图说服你和队友们没必
要砥砺前行，没必要冒险探索未知，也没必要与世俗之见针
锋相对。**了解大脑为什么会这样影响我们是极其有用的，这使
得我们能反过来"说服"大脑帮助我们完成目标，而不是任其
成为一种阻碍。**大脑总像个唠唠叨叨的人，要避免它发牢骚，
你可以多吃有营养的食物、多休息、多锻炼。让喋喋不休的
大脑闭嘴还有一个方法，比如，学习如何管理你的平台的另
一关键组件：情绪。

关于情绪的确切来源有不少研究讨论，但为了简单起见，
我一般会将"心脏"和"肠道"交替着当作情绪的起源处。
"相信你的直觉（肠道）"这句谚语现已得到科学证明。研
究表明我们的肠道中有第二个大脑。肠道中存在与大脑中完
全相同的神经元；唯一的区别是我们头部有超过 80 亿个神经
元，腹部只有 5 亿个神经元。大脑中的通信细胞和神经元的
数量比心脏和肠道中的多得多。情绪对行为的影响似乎更加

微妙——这也是为什么我称之低语者，然而情绪造成的影响可能更大。

还记得你明知道一件事是不对的，但你还是义无反顾地做了这件事的情况吗？我个人有很多例子可以举，但我想举最早的一个例子，这件事仿佛就在昨天发生。

我还是个孩子的时候，最喜欢的户外活动是捉青蛙、蛇和乌龟。我会在公共高尔夫球课上骑着自行车到一个池塘边，一边等着高尔夫球手开球，一边希望能悄悄接近牛蛙、小蛇或乌龟等小动物。我喜欢这项捕捉这类小动物的运动，也很享受带一只小动物回家当新宠物的那种兴奋感。

有一天，一个年纪大点的孩子来到池塘边，向我展示了捉牛蛙的技巧。只见他用一根长棍子使劲敲打毫无防备的牛蛙的后背。他向我保证这样做不会伤害到那只牛蛙，只是把牛蛙"敲晕"就可以捉住它了。我觉得这项新技术非常刺激，于是开始试着用它来抓那只好几周来一直躲着我的牛蛙。之前，每当我距离它还有一两米时，它就已经跳进池塘中央了。然而，现在有了长棍武器，我就可以按照那个男孩的指示偷偷地靠近它，敲晕它。我很高兴——这个方法奏效了！我匆匆跑到淤泥地去抓我的战利品，这只大个头的老牛蛙果然不动了。那一刻我是无比骄傲的，但紧接着我的胃内就涌起了一种想呕吐的感觉。接下来的每一秒，只要发现那只牛蛙没有醒过来，我的呕吐感就越强烈了。几秒钟就像几十分钟一样难熬，而那只牛蛙一直处于"被敲晕"的状态。

我的快乐很快被沮丧和悲伤笼罩。我杀死了那只牛蛙，那只我曾经希望带回家，带到学校展示和讲述（学生自带物品到课堂讲述的活动）的牛蛙。我感到胃不舒服，像婴儿一样大哭起来。我对自己发誓，我再也不会用这种拿棍子敲牛蛙的方法。事情已经过去 40 多年了。我已经记不清那个告诉我用棍子的男孩的名字，也记不得那天是几号或星期几，但我还记得我杀死那只牛蛙时的感受。我记得我把死牛蛙带回了家。我记得我把那具牛蛙尸体给妈妈看了。我记得她帮我埋葬了那只牛蛙。那天晚上，我是哭着睡着的。

我举这个例子是为了说明情绪的力量。情绪的声音很轻柔，但它的力量却可能很强大，常常会推翻大脑的逻辑。你是否听说过，或目睹过，有人在极端危险的情况下做出了英雄壮举，比如冲进一座熊熊燃烧的建筑物救人？或者跑回战火纷飞的前线去救受伤的战友？有关情绪驱动结果的例子就发生在我们身边，尤其体现在体育运动中（更别说谈恋爱、赌博、蹦迪了）。情绪在工作中扮演着超乎我们认知的重要角色。**我们总爱假装理智，觉得自己依靠逻辑和理性来主导经商活动，但现实情况是，大多数决策和行动很大程度上还是取决于领导者的情绪——领导者进行自我调节的方式（也有可能是失败的调节方式），以及他们利用情绪来激励团队的方式。**

每分钟闪过我们脑海的无数感受累积起来就形成了情感：爱，恨，愤怒，悲伤，后悔，幸福，关心……这些感受能够跳入驾驶座，夺走我们的方向盘，载着我们驶入最丑陋的行为轨道，比如，伤害他人或伤害自己；反过来说，这些感受也可以促使我们采取行动来拯救生命，给他人带来快乐。

情绪失控就像开车时一直踩油门，最终会导致自己彻底崩溃或伤害到他人。然而，如果你学会调节自己的情绪，把注意力转移到有意义的正面情绪上，那么你就会像F1比赛的冠军一样，娴熟地掌控弯道；在新危机和机遇出现时，你就会懂得什么时候刹车、什么时候加速。

既然我们已经谈到了"聚焦，感受，行动"这个公式的前两个组成部分，现在就来谈谈自我平台的第三个关键组件。你可能会惊讶地发现，当你进入军队时，不会有人马上教你拿枪、铺床或敬礼。你学到的第一课是怎样站立。教官会从脚开始，将正确的军姿分解为几个小动作。他们会要求你昂首收下颌，眼睛目视前方；脚跟并拢，脚尖分开呈 35 度角，膝盖微微弯曲；胸部外扩，肩膀向后张，手臂贴在身体两侧；手指向内微曲，并且不能留指甲。姿势在军队中很重要，不仅仅是为了在阅兵场上看起来精神。你的身体姿势不只是将你的军人风范呈现在他人面前，它同时也会激活你自己的感受。

听起来有点疯狂？试试这样练习：眼睛盯着地面，将下巴缩到胸前，肩膀前屈的同时让背弓起来。这样，你还觉得自己充满了力量吗？感觉有自信吗？现在保持这种脸朝下的姿势走几步。你是步伐有力还是拖着步子呢？再试试用这个姿势进行对话。别人能听明白你的意思吗？你的声音听起来怎么样？你觉得自己的话听起来有说服力吗？想一想当你保持这样的姿势站着，保持这样的感觉，你能卖出什么东西吗？肯定不能。你看起来被打败了，缺乏活力，自怨自艾，自言自语，就像是在自我怜悯。

现在调整姿势，按我刚才的军姿指令做。从血流到气流，一系列生理反应开始起作用了。你身体的姿势会直接影响你的状态。你现在可以全方位地使用声带和气管，因为抬起头、收紧下颌可以使大量的气流进入肺部。背部挺直，臀部收紧，膝盖弯曲，使整个身体血液循环达到最佳效果。几秒钟之内，你会产生一种全新的感觉：自信、骄傲、坚强。现在迈出一步。走路的姿势怎么样？你的步伐是虎虎生风，还是你感觉在拖着自己的两只脚走路？现在开始与某人对话，或者与镜子里的自己对话。你的声音听起来如何？自信，甚至可能是威严的。您认为哪种姿势能帮你增加销售量，能帮你说服某人和你一起加入危险任务或是未知之旅（比如团队建设）？

我们与唠叨者（大脑）交谈的能力，以及倾听低语者（情绪）的能力与我们的身体行为有直接联系。姿势只是起点。你可以试着坐在椅子上演讲，再试着站起来进行同样的演讲。你认为哪种姿势更有说服力？说到坐着，你可以试着挺直身板，身体向前倾，来进行一次谈话；再试试懒洋洋地瘫倒在椅子上。你的能量水平会浮动吗？你觉得以这样悠闲懒散的姿势做数学题会有效率吗？还有另一个简单的问题。你是更喜欢站着不动还是移动？试试边走边说话和坐着说话。哪种形式让你感觉更投入？提示：一切都与增加大脑供血量有关。

正如史密斯教官喜欢用浓浓的波士顿口音提醒我们的那

样："人体不仅仅只是装大脑的躯壳。"他认为，人类的整个身体都在支持大脑的运转，负责为大脑提供氧气和适量的营养，并执行大脑的诸如采取行动这种指令。我们身体的状况决定了我们可以完成多少工作。**如果把工作比作科学方程式，那么工作＝质量 × 加速度 × 距离。我们身体处理持续工作量的能力（也称为耐力）会影响心理和情绪等驱动因素，例如，会影响我们认为自己可以做的事，以及我们觉得（相信）自己可以尝试的事情。**如果爬一段楼梯时发现自己喘着粗气，你觉得你的大脑会怎么解释这种情况？你觉得大脑会回答说"嘿，要不我们去爬山"吗？当然不会。你的大脑会向着你的身体，把注意力集中到你沉重的呼吸上，并把你的身体反应放大，做出这样的回应："哇，下次得坐自动扶梯，免得我们潜在的心脏病发作了。"

有一个问题是：如果你允许自己接受简单的出行方式，你的大脑会继续寻找逃避额外锻炼的理由，你的身体将会趋之若鹜，并且进一步变形。**然而，如果你的大脑把注意力放在怎样更快地爬上这些楼梯，它会寻找更高效的方法让身体爬楼梯。多做几次，你就会开始有积极的连锁反应。你的心率会提升，并足以产生使人感觉积极的荷尔蒙（多巴胺和血清素），这类荷尔蒙会激发大脑中的神经元，进而形成新的神经通路，**

并让"感觉良好"和"爬楼梯"产生积极联系。

建立新的神经通路的过程就像在茂密的丛林中开辟一条新的道路。第一次走出来总是艰难的，而且每一步都很难，因为你正挥舞着弯刀从密不透风的植被中"杀"出一条路来。不过，如果你第二天原路返回，这个过程就变得相对轻松一点了。有些植被也许会 "野火烧不尽，春风吹又生"，但至少你不用再费工夫砍掉以前那么多的树杈了。日复一日，重复这一行为会使你的道路变得指示明确。你越经常走这条路线，你越容易更快地到达终点。当你尝试新事物时，你脑中上演的也是同样的情景。第一次通常是最难的。我用的是"通常"，因为如果我们尝试一些对于我们来说很新鲜的事情，大多数时候我们的第一次都将以失败告终——这条道路甚至还没有完工，我们也没能穿越"丛林"，打通道路的满意结果。然而，正因为如此，我们的身体可以协助我们再次尝试。**尽管事实可能是我们失败了，但我们的身体并不知道成功与失败的区别；它知道的只有工作。我们做的工作越多，身体就越强，健康的荷尔蒙就越多。**决定身体行为的是心理和情绪驱动因素。如果让身体一开始就（猛地）做太多工作，我们的身体会罢工（即，"bonks"——完全耗尽能量）。然而，如果让我们的身体适应工作量，它可以为我们的心理和情绪驱动因素提供积极的反馈，促使我们继续前行。

无论你是爬楼梯还是卖零部件，这个规律统统适用。在决定关注什么，以及如何将感受与行动联系起来这两方面，身体都发挥着重要的作用。我们心理的"声音"、情绪的"声音"、身体的"声音"总在不断对话。了解这些影响因素对于领导你的第一支队伍——你自己，至关重要。那么你如何让这些"声音"团结合作呢？

表现账户：帮人们实现聚焦的工具

让你的心理、情绪和身体平台为你服务的关键在于，了解你为什么关注。在本章开头，我讲了两个故事——一个发生在海豹突击队训练时的故事，另一个是我的第一家公司面临破产的故事。为什么在海豹突击队的训练中，有那么多身强力壮、反应敏捷的候选人退出了，而那些身体不够强壮，反应没有那么迅速的人反而坚持下来了？

　　尽管我不能代表所有人，但我知道自己为什么会坚持下来。我的注意力全部聚焦于我自己关心的事情。我没有去考虑如何在"阳光灿烂的日子"里成为海豹突击队员，而是一直在想着那些说我做不到的人。我想到了诊断我患有哮喘病的医生，他建议我平时少活动，最好去学国际象棋；我想到了自己最关心的人，比如我的父母和兄弟，也想了我的退出会给他们带来什么感受。每当我发现自己置身于最黑暗的时刻，每当"各种声音"在我内心引发争论时，我都会集中注意力思考，为什么我这么在乎海豹突击队的训练。每次我发现自己接近放弃的边缘时，我都会这样做。如此集中注意力的方式会让我无法放弃，于是我总能找到继续前进的动力。后来，当我的创业公司面临破产时，我最关心的人是我的妻子和孩子。那时，我会走进我孩子的房间，看着他们熟睡的脸庞，想象自己静静地说出："孩子们，爸爸今天放弃了。"我会凝视着我的孩子们，跟自己进行这种角色扮演的对话。我能听见他们问："爸爸，为什么呢？"以及"爸爸，这话是什么意思？"接着我会解释说，这意味着我们必须搬得远远的，一切重新开始。每当我进行这场角色扮演的对话，并把注意力集中到自己所处境地可能造成的负面结果时，一种十分可怕的感觉就会从我的肠道浮现，这样一来，我总能下定决心采取其他行动来克服眼前的障碍。

无论你在忍受训练对于你的身体所造成的疼痛，在努力应对精神挑战，还是在情感问题上挣扎，弄清楚你想克服这道难关的原因至关重要，这会成为你最有力的武器。每当我发现自己凝视着其中某个障碍的深渊时，我最大的力量就来自于我对于自己在意的人或事物所给予的关注，以及对关注原因的自我认识。

我们应该关注他人。如果我们的关注与某个人联系起来，然后将这种关注缩小到个人范围时，那么这股力量就是最强大的；当我们逐渐扩大关注的范围时，我们的关注也会逐渐丧失其影响力。比如说，如果你想为慈善事业筹集资金，你认为什么会形成更强大的联系，是讲述一个关乎个体的故事——一个孩子面对挑战（最佳效果是让孩子亲身讲述自己的故事），还是去分析社会中存在的普遍现象？我们应该首先从微观层面建立联系。在对付自我怀疑的恶魔时，这样的情况也会发生。在海豹突击队的训练中，我联想到了特定的家庭成员；在做生意时，我的关注重点是我的妻子和孩子。在两个案例中，我关注的重点都是我最在意的人。在微观层面与你在乎的人或事物建立联系，这是击退自我怀疑的恶魔，并说服"自我平台"砥砺前行的秘诀所在。

多年来，我内心一直在重复这种非语言形式的过程：当自我斗争发展到质疑我为什么要做某件事的时候，我会确定我关心的是什么以及我为什么会关心它。我发现自己正在进行这些循环对话。有时这些对话是螺旋上升，积极向上的；其他时候，这些对话也会让我的情绪一落千丈。在我完成"地狱周"训练后的大概第 4 周时，有一次我在 5000 米外的开放水域游泳，而我接受海豹突击队训练的转折点出现了。其实，在训练期间，我一直偷偷服用哮喘药物，因为我觉得服药对我有帮助（到那时为止，这种药物我已经服用了 10 多年）。然而，这天出了一点状况，是真的出了状况。我知道5000 米可能听起来是一段较长的距离，但如果你可以使用"双鳍"，对面又有一位游泳伙伴时，5000 米听起来就不那么令人生畏了。游泳是我们大多数人期待的一项活动，因为可以确保至少在 1 小时内，教官们是不会来打扰我们的。不过，这次游泳对我来说却意义不同。

我的肺部在挣扎，这种感觉就好像我正通过一根充满液体的吸管呼吸。堵塞我呼吸道的液体让我的呼吸声听起来更像咕噜声。大约过了一半时间，我的游泳伙伴看着我说："嘿，米尔斯，你嘴唇上有血，没事儿吧？"填满我肺部的液体其实是血液。我觉得自己溺水了。几分钟之内，我被人从水中拖了出来，暂时停止了训练，并被送去就医。几小时后，经过数次测试，包括全面验血，他们发现了我的依赖品——哮喘药。主治医生说："米尔斯少尉，哮喘患者不允许接受海豹突击队的训练。你有哮喘，你不应该在这里。虽然你走到今天非常了不起，但到此为止。你不必感到羞耻。你没有放弃，你是因为医学原因被开除的。"

我记得，我当时有一秒钟觉得这一切听起来多么简单，多么合乎逻辑。这是一条很容易走的路；它挽救了我的骄傲，也为每个于我而言十分重要的人提供了一个完美的借口：医疗疾病。然而，我没有选择那条路。我拒绝了。我挡了回去，礼貌地告诉医生我没有哮喘，这一切只是因为在"地狱周"的训练中我的肺部受到了感染，目前在服用的药物可以让自己的身体快速恢复。

医生非常生气。他把我从训练场地中拉出来，带到了所谓的医疗场所，然后开车送我到圣地亚哥的主要军队医院进行全面的哮喘评估。检查花了一个多星期，我还要再等5个星期才能知道自己的命运：是接受治疗，离开训练队，还是

得到允许，加入下一届的训练。我有很多空闲时间来反思我
的处境。于是，我创造了一套应对挑战的程序，尤其可以适
用那些我无法掌控的挑战。我把这称作表现账户（outcome
accounts）。我被从水中拖出来，差点被迫退出海豹突击队
的训练，而从那天以后，每当我面临困难时，我就会用到这
个结果运算。另外，我通过了哮喘试验。在这个实验中，他
们会把你放入一个密封的盒子里，测试你的肺容量，然后在
你的肺部喷洒引发哮喘的喷雾。我究竟是如何通过测试的，
那就是另一个故事了。不过，从那天起，我就停止服用五花
八门的哮喘药了。

以下是表现账户的工作原理。在一张白纸上写一个大写
字母"T"，并在T字母上方写下你的目标。目标要尽可能具体。
在接受海报突击训练的情况下，我想在下一届的训练中毕业。
在T字母垂直线的一侧写上加号，在另一侧写上减号，然后
回答3个问题：

1. 实现这一目标的最终结果是什么？

2. 谁受此结果的影响？

3. 这样的结果会带给你怎样的感受？

你需要两次回答这些问题，一次假设你达到目标，一次假设你没有达到目标。你越是想象你可能会有什么感受，以及后续失败会对他人造成的影响，练习的效果就越好。假设你在想到自己未能达成这个目标的情景时，自己的内心没有升起一股不祥之感，那肯定要么是因为你没什么想象力，要么是因为这个目标对你来说不太重要。当我想退出海豹突击队的训练时，我的脑海中会浮现20年后我告诉孩子们"爸爸当时放弃了"的情景，并且跟他们说"不要学爸爸"时的感觉。请努力让自己真正体验一下放弃后的可怕感受，也让自己体验一下坚持下来时愉快的感觉。附上表现账户的样图1-1。

定义你的目标	
不成功	成功
表现	表现
影响	影响
感受	感受

图 1-1　表现账户

　　表现账户为你提供了一个框架，让你找出自己最关心的原因。当你填写这个账户时，你会发现，集中注意力为你最关心的人带来快乐而不是让他们失望，会成为你最大的鼓励。表现账户会使你的平台变得清晰，引导你以更有序的方式来与自己对话。它有助于消除大脑的唠叨声，增强内心的低语声。了解自己关心什么，了解这种关心会带给你怎样的感受，将有助于你采取有利于成功的行动。成为一名具备不对称优势的领导者的首要条件是了解自己。

第二章

特　征

团队具备 10 倍优势的 7 类表现

　　虽然个人无法拥有无所不能的超能力，但借助团队，人们大幅拓展了自己可以实现的目标。要想完成那些过往经验无法支撑的目标时，就需要依靠具备 10 倍优势的团队。这样的团队通常会表现出 7 个核心特征：能力、看法、沟通、干劲、谦逊、灵活及无私。要想打造这样的特征，则必须开启 CARE 循环。

小时候，我最喜欢的动画片是周六早上播出的《超级伙伴》（*Super Friends*）。这个节目集结了一系列著名的超级英雄，有超人、神奇女侠、海王、蝙蝠侠，还有罗宾。随着节目的热度不断上升，出现了更多的超级英雄，比如闪电侠、生化电子人、绿灯侠，和我最喜欢的二人组神奇双胞胎。每个角色都拥有不同的超能力，同时也有各自的弱点。比如，超人会飞、能够透视墙壁，却对氪石毫无抵御能力；海王可以在水下自由呼吸、利用海洋的力量，但他一离开水就会丧失超能力；蝙蝠侠和搭档罗宾在参与不同的任务时，配有不同的特殊装备，比如蝙蝠车和蝙蝠直升机，但他们终究还是人类；神奇女侠有超乎人类的力量与速度，防弹手镯能够抵挡子弹，但她本人并非刀枪不入。《超级伙伴》快要完结时，20多位超级英雄联合力量，齐心对付最意想不到的终极恶棍。那些反派拥有的超能力多过任何一位超级英雄，但他们偏偏缺乏一种关键的超能力：团队合作的能力。每期节目都有类似的主题：一位超级英雄准备只身对付反派，却反被坏人抓住（也可能是这位英雄面临生命危险），现在必须依靠超级英雄们组成团队，部署分配超能力，勠力同心地毁灭反派。

《超级伙伴》的有趣之处就在于，没有一位超级英雄能单凭一己之力战胜反派；每位超级英雄都需要联合其他伙伴，才能拯救世界。有时超级英雄们也会内讧，但当整个世界的命运悬而未决时，他们就会团结一致，综合超能力来克敌制胜。《超级伙伴》可能是第一部讲述超级英雄组合的动画片，但这个主题可以追溯到古希腊。3000 年前，希腊人塑造了本民族的《超级伙伴》，吸引了人们的注意。希腊人称其为男神和女神，演员阵容中包括 8 位男神和 6 位女神，他们拥有各种不同的神力，有象征美与爱的女神阿芙罗狄蒂、战争之神阿瑞斯、海神波塞冬以及众神之王宙斯。宙斯拥有至高无上的权力。诸神有一个共同的敌人，即冥界之神哈迪斯。众神面对挑战时，会联手打败冥界的黑暗势力。在希腊神话里，没有一位男神或女神是全能的，每个人的神力都与其他人相辅相成。然而，一旦他们团结起来，就"无神匹敌"了。

你明白我的重点了吧：所有伟大的团队都由优势互补、

技能相辅的人共同组成。也许你并不觉得自己偏爱分析和操作电子表格是一种超能力，但要是我俩一起工作，我保证第一个承认这就是超能力。我一看到电子表格就起荨麻疹。好吧，没那么夸张，但想到需要处理这些表格我就会心悸。喜欢制作数据透视表和进行数据分析的人，也有可能一想到要做销售演示就直犯恶心。确实，这些"超能力"可能比不上在高楼间跳跃、在水下呼吸那么酷，但却是实实在在的技术和才能；无论是创办公司，还是挽救濒临破产的公司，这样的"超能力"都是至关重要的。我对创办公司和拯救公司都颇有心得，不管是打败竞争对手，还是避免破产（反派），唯一的办法就是创建具备互补技能的团队。

是不是听起来似乎你只需将一群具有不同技能的人聚在一起，然后瞬间你就有了一支具备不对称优势的团队。不过，实际上，建立这样的团队是具有挑战性的。**首先，我们的自负、骄傲、不安全感可能会蒙蔽我们的双眼，我们因此无法认清自己的长处，同时也无法正视自己的弱点；其次，有时候承认他人能力出众也不是很轻松的事情；最后，如果一个人天赋异常，想让他认识到与他人合作共同实现目标的好处，也许会有点困难。**许多成就卓著的人，正是因为他们一门心思地关注自我，心无旁骛专心于自己的目标，才最终取得了成功。"要实现的是'我们的'共同追求，而不是'我的'个人追求"，要让那些拥有天赋的人相信这些，绝非轻而易举的事情。

同样，许多团队领导者并不能正视优势和劣势。我们大多数人自以为能把很多事情处理得很好，哪怕事实并非如此。我们很难一下子就认识到自己的弱点。我们往往觉得，讨论自己搞砸了的事情实在无聊；恰恰相反，大家都爱回味和谈论自己扭转乾坤、进球得分、做成生意的光辉时刻。我们往往会放大自己的参与度，而过分弱化他人付出的努力——除非某个时刻，也只有到这个时刻，你才会悬崖勒马，即当你决定一往无前的时候。**对自己的天赋有真正的认识不仅有助于你充分发挥潜力，还有助于你检视自己的弱点。**如果明白了这一点，你就可以启程寻找其他"超级伙伴"，邀请他们加入你的具备不对称优势的团队。

三角定位法：客观认识自我优缺点的工具

　　有时候我们不太能看出自己的超能力。因此需要依靠其他人帮你鉴别自己的优势和劣势。我们在海豹突击队训练期间会学习陆地导航技术（野外生存课程也会教这门技术），即三角定位法。如果你在树林里迷路了，只要你还带着地图和指南针，就可以利用三角定位法找到自己的方位。你只需要爬到树上，或是占据其他便于观察的有利地点，方法就简单了。找到周围 3 种不会移动的物体，比如山、河湾、巨岩，且这些物体在地图上都有表示；接着，利用指南针，分别测定这些物体的方位；然后，在地图上，沿着每个物体画一条表示指针所指方位的直线，最终你就会注意到这三条直线形成了一个小三角形，因此称为三角定位法。你就处于这个三角形里。请参见下图中 2-1 的示例。

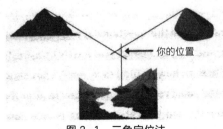

你的位置

图 2-1　三角定位法

这种在树林中定位的方法，也可以应用于发现自我真实技能的操作中。下面是详细步骤。

步骤1。在你周围找出至少3位有着不同背景的人，让他们给你诚实的意见。最好挑那些敢于直言不讳，不害怕使你伤心的诤友。从你的工作圈、生活圈、社交圈，分别挑选一两个人。你有做过志愿者吗？有教练吗？有参加过一场很棒的足球联赛吗？不管你兴趣何在，请找出一两个你加入的团体中最具代表性的人物。拿我自己来说，我主要依靠我的妻子给我的评价反馈。天哪，她铁面无私！你可能会征求父母、祖父母、前教练、新老师或亲密好友的意见。无论如何，在你的生活里找出一两个可以毫无保留地给你意见的人；在工作中，找出两位并非你的直接下属，但以前和你一起共事或正在共事的关系亲近的同事。

步骤2。问他们这个问题：如果你现在需要我救你，但我只能做一件我最擅长的事才救得了你，那我该做什么事呢？你得到的回答应该是一个动词，而不是一个名词，因为你需要的是动词。你最擅长做的是什么？是激励他人，分析数据，绘制图表，协调项目，想新点子，还是……让他们集中注意力思考你最擅长的一件事。其目的就在于找出一个动词——在其他人看来，你最擅长的动作。

步骤3。将三角定位法应用到这些评价中，找出这些评价之间的相似、有共性的地方。用你自己的答案对反馈意见进行比对。是不是有些内容不用进一步思考，凭直觉就觉得听起来真实可靠？是不是有些部分听起来很耳熟？你之前听过这种评价吗？"他是天生的领导者""他有艺术天分""他就像人型计算机，在脑子里演算复杂的数学题"，在你年轻时，有人给过你诸如此类的评价吗？

这种训练不仅有助于发掘自身的才能，还能在队友的协助下，找出需要填补的技能缺口。也许，你会发现团队中有比你更擅长某件事的人才，但别因此感到绝望；这只会让你的团队变得更有深度。你很容易找到借口说，我不需要做这个训练，因为我的团队一路高歌猛进。我以前一直是这么想的，直到我的团队出现了停滞不前的状况。当万事亨通时，你最应该抓住时机进行训练。切忌因眼前的顺利而沾沾自喜；请随时判断，在相应的工作岗位上，团队里是否存在具备相应技能的相应人才。颇具讽刺意味的是，当我的公司深陷困境，我发现我开始质疑自己的能力，而之前我从没有做过以上训练。

我不停地问自己，我真的有自己想的那么好吗？自我怀

050　如何打造 10 倍优势小团队

疑促使我去向信任的人寻求答案。当我这样询问我所在的"团体"时,我得到一连串这样的答复:"你点燃了我的斗志,拯救了我……你激励了我,让我不再停滞不前。"所有的回答都是关于我如何激励他人,但我原本应该扮演的角色是创新领导者。有什么地方出了问题。一开始我根本不想接受这样的现实,但公司的状况继续在螺旋式下降,我只好摘掉"主要创新者"的头衔,让真正具有创新超能力的队员来担任这个角色。我很欣慰,我做到了:数月内,我们的生产线扩大了,销售额也上升了。我唯一遗憾的是,怎么没有早点这么做!

这个练习就如同一面镜子,让你正视自己真正的优点和缺点。并且,如果你得到的意见反馈来自那些对你的言行举止有所目睹的人,那么他们所描述的你,会比你在生活中刻意呈现出的一面更加真实。没错,你必须相信别人眼中看到的你。最终,你会把他们的诚实视作礼物,因为这样的"反馈"可以大大提升你成功的概率。

整合：将多样性转化为不对称优势

　　大多数运动员在参加大学的体育运动之前，就已经练习了至少4年；不少人在高中之前就开始从事体育运动了。对于美国大学体育协会第一级别（D1）的体育项目而言，情况更是如此。第一级别美国冠军队（D1 National Championships）代表着全美国顶级的水平，许多大学运动员会进一步成为奥运选手或专业运动员。不过，如果你进入美国海军学院的赛艇队，那么情况就完全不一样了。

　　D1大学运动项目的竞争异常激烈，大多数教练为此不惜花费数百个小时，对来自美国各地的新生进行排兵布阵，让他们充分为团队效力。不过，海军学院的赛艇队却是一个例外。当然，海军学院的队伍中也有一些顶级运动员，不过海军运动员的首要任务是培养海军军官，而不是参加大学的体育运动。海军学院和其他军校没什么两样，学生很难获得普通的大学体验。对于初学者来说，海军学院的环境是严格的军事环境，学术研究多以工程专题为主。学生毕业后有义务到武装部队服役6年，但也不是每个人都必须服役。不过，申请服役的年轻人必须是真心实意地想进入其中一支部队。

我是海军学院里为数不多的有赛艇经验的新兵之一。我在高中参加了 4 年的赛艇比赛，并且几乎每年都会赢得新英格兰分区的冠军。我自认为还是挺擅长赛艇的。高中毕业时，我甚至因受邀参加赛艇国际比赛，耽误了海军学校的新生入学训练（Plebe Summer），迟到了整整一周（顺便说一句，真心建议你们，不管你考上的是哪种军校，都不要开学一周后再去报到。我因此在训练中被远远地甩在了后面，花了整个夏天想赶上其他学生，却根本赶不上）。因此，当我到达海军船库，同我的新队友见面时，你可以想见我有多惊喜。整个赛艇队只有 3 名队友之前参加过赛艇比赛。

大多数顶级的大学赛艇队的队员们早在赛季开始之前，就已经对赛艇非常熟悉了。然而，海军学院是一个例外，在赛季开始前，一艘赛艇上顶多只有一半的运动员有过赛艇经验。不过，每年学院会从 8 支队伍中选出至少 5 支队伍（也就是 40 名桨手和 5 名舵手）参加比赛。尽管当时距离比赛还有 9 个月，不过，我记得自己当时想的是，我们第一赛季就会被来自普林斯顿大学的对手打败。我认识普林斯顿大学的桨手，我清楚他们有多厉害。我的注意力完全聚焦在我们的赛艇队太缺乏经验的这个事实上，根本不相信我们在赛季中会有任何竞争力。想到自己要赛艇，而且是参加大学里最高级别的比赛，我别提有多兴奋了。可摆在眼前的事实却是，在我看来本该开始准备比赛时，我们却在教队友们赛艇的基本知识。如果整个夏天看到的都是队友们在"抓螃蟹"（把桨陷进水里，有时他们会因为恼怒直接把桨扔出去），甚至是漏划一两下（把船桨挥向空中，而不是伸进水里划），那么换作你，你可能也会觉得赢冠军的可能性接近于零。

刚入夏时，教练甚至都不准我划赛艇。他操着一口英式英语提醒我："奥尔登，这会儿暂时还用不着你划，不然你只会心烦意乱。"在大学赛艇生涯的前两个月，我都是坐在教练的汽艇（船）上，看着自己的队友学赛艇。

请想象一下，作为一名来自 D1 队伍的教练，你必须在比赛前先教 90% 的队员学习赛艇的基本动作。这样的策略能战胜美国最优秀的赛艇队吗？我本人反正不这么认为，当然也不相信这会是最好的办法。我一直抱着这样的心态，直到我们开始比赛——最后我们居然赢了。在我告诉你"海军学院队的教练是如何实现这种奇迹"之前，我要给你们讲一讲所有军校教练们面临的其他限制因素。第一，军校不接受红衫运动员——所有的运动员都必须在 4 年内毕业。第二，学院对身高和体重有限制。由于身高会影响船桨划入水中的长度，长得越高就划得越远，进而速度越快，因此赛艇更青睐长得高的人；不过，海军学院又不能招募那些长得非常高的孩子，因为驾船和驾驶飞机也有身高和体重限制。第三，学生需是美国公民；如今，许多顶尖的大学赛艇项目会招募海外运动员，其中一些外国运动员已经是他们自己的国家队的赛艇选手，或参加过奥运会的赛艇比赛。

在面临重重阻碍的情况下，海军学院赛艇队练就高超赛艇技能的秘诀何在呢？答案就在于将所有海军学院学生连接在一起：我们每个人都视自己为一分子。在加入军队为国家服务前，我们只有 4 年的时间为赛艇全力拼搏。我们的观念有别于其他大学生。海军学院的学生不能休学一学期，也没有间隔年来为自己积蓄力量，赢得竞争优势。我们唯一的优势就在于，我们有强大的凝聚力。**我们永远没法成为比赛中经验最丰富的团队，也不可能是个头最高的团队，但我们始终是最有凝聚力的团队。**

短短几个月内，我目睹了赛艇队取得的巨大进步。一开

始，我的队友们只是在一艘大型的训练驳船上练习划艇，教
练在这艘漂浮的平顶船中间上下穿梭，耐心地纠正每个划桨
手的动作。渐渐地，我开始和队友们一起乘着 60 厘米 ×20
米的碳素纤维流线型外壳的舟艇练习。刚入夏时，我还可以
在使用固定划船运动练习器时，轻松地击败他们，因为我知
道如何高效使用这个仪器。这个练习器被称为测力器，专门
用来测算拉力。可是短短 6 个月不到，很多队友的拉力数值
都超过了我。他们愿意不顾一切，全力以赴地行动，这也促
使我觉得他们不容小觑。我们不仅有可能赢得某些比赛，我
本人也最近距离地学习了，一支具有不对称优势的队伍究竟
是如何炼成的。我们来自五湖四海，如今聚集在美国海军学
院的船坞里，我们团结一致，只为实现一个目标。尽管我们
各不相同，但我们有着统一的意志：每个人都是一分子。**更
重要的是，我们多元的背景和多样的技能反而造就了我们的优
势，使得我们能够超越他人。**过去没有赛艇经验的队友，采
取了不同的方法学习这项运动。有的队友在农场长大，他们
身强力壮，伴随着农场的职业道德意识长大，现在他们将这
份职业操守应用到了对赛艇的学习之中。他们的观念很纯粹：
比竞争对手更努力。

　　前足球运动员、前篮球运动员将他们之前踢球、打球的

技术运用到赛艇中。有工程背景的运动员则倾向采用分析的方法，通过打破赛艇冲程的机制，将力量的效果发挥到最佳水平。还有来自得克萨斯州的伙伴，他们喜欢引征马克·吐温的一句名言，用得克萨斯口音提醒大家："一场战役中，一位战士的体格大小不重要；重要的是这位战士的战斗精神！"

好小伙威尔·兰德尔（Will Randall）则表示：严格来说，他只能参加轻量级比赛（少于82.5千克），但他选择和我们一起加入了重量级赛艇队。每当海军学校的赛艇赛季到来时，威尔所秉持的态度就成了我们众人秉持的态度。我后来和威尔一起加入了海豹突击队。他为美国军队服务了20多年，现在和家人一起住在得克萨斯州。

大学一年级快结束时，我们的赛艇队在东部锦标赛（Eastern Championships）上摘得一枚铜牌。我们在美国锦标赛中（National Championship）曾经取得了一个艇身的优势，当时只要继续划水40次，我们就能抵达终点。然而，因为赛艇出了故障（一个滑座坏掉了），最终我们只得靠着6名桨手划过终点线。在我们这支队伍中，有5名桨手11个月前才开始学习赛艇。尽管没有赢得美国锦标赛，我们却还是在这次比赛中，在与 20 支 D1 大学赛艇队的较量中，名列第四。在那个赛季，我们的队伍取得了令人震惊的战绩；而在我接下来的海军学院赛艇生涯中，我们的队伍依然在书写新传奇。

我原本以为缺乏经验是我们最薄弱的环节，但事实刚好相反，我意识到通过坚持不懈、毫不动摇的团队行动，足以克服缺乏经验的难题。正因为我们来自不同的背景，有着不同的经验和不同的训练方法，所以我们每个人都为团队训练注入了不同的超能力，况且，我们始终团结一心。颇有讽刺意味的是，在赛季之初，我还是一个满脑子蹦跶的都是最悲观想法的人。我当时在想："我们怎么可能赢过一支由经验丰富的顶级赛艇选手所组成的队伍呢？"我当时的注意力都聚焦在，构成团队的一个表面元素上：团队的血统。然而，我的队友会走到我身边跟我说："米尔斯，那些家伙看起来也没那么厉害嘛，打败他们肯定很有趣。"作为一名有经验的赛艇选手，我的自负成了自己最大的阻碍，让我无法相信我们可以获得胜利。自我们的第一场比赛起，一切都产生了变化。我开始明白为什么多样性对于团队而言是如此重要——只要团队有共同的目标意识。在最初的那场比赛中，我们打败了普林斯顿大学队。

从美国海军学院毕业后，当我成为基本水中爆破训练学校的班长时，我看到了比在海军学院更丰富的多样性。我看见，来自俄克拉荷马等内陆州的同学瞪大眼睛盯着近 2 米高的波浪。尽管有些同学从来没有见过那么壮阔的波浪，但他们还是会发表一些典型的大牧场工人式的评论，比如，"该死，这儿卷起的浪比我们的强鹿牌联合收割机还高"。接着他们就会低下头，竭尽全力划桨。他们坚强的意志不断激励着我，很多时候，我都会被这股精神深深地感染。就像美国海军学院的队友，鼓励我使劲划一样。看着基本水中爆破训练学校的同学们一直在克制自己的恐惧，我也加倍努力去克服自己的恐惧。在海豹突击队里，我们需要做的不是划桨，而是通过身体测试，比如 650 千米定时跑、障碍赛道跑、3 千米的海洋游泳。再一次，在海豹突击队里，一群不同的人聚集在了一起。我们面对问题时可能会采取不同的方法，但我们致力于同一个目标。我们的首要原则就是不断前行！

亚伯拉罕·林肯面对一触即发的内战时，培养了各种各样的顾问，为领导者树立了榜样。想象一下，如果你整个成年阶段都在孜孜以求成为领导者的机会；然而，一旦你坐上领导人的位置，手下一半的人就会离开，这必定会让人失望透顶！在这个前所未有的时代里，你会组建什么样的团队来协助你领导？你的直觉可能是与一群盟友、志同道合的朋友组成团队。

你会把内阁职位全安排给那些你信得过的朋友，因为你知道他们会支持你的政治地位。"组建团队时，信任比经验重要"，凭借这样的辩解，你能很轻易地为自己的举动找到合理借口。不过，一旦周围都是熟悉的人，你可能就会很难接触到其他观点。在团队建设方面，最具挑战的任务就是在国家濒临分裂时临危受命、被迫担任领导者，就像林肯总统一样。我们都知道内战的结局，但你知道这位第十六任美国总统，是如何建立自己的团队，来应对这次前所未有的挑战吗？林肯总统的做法堪称"前无古人，后无来者"。他邀请自己最大的竞争对手加入内阁——这些人曾经千方百计地阻挠林肯赢得选举。

林肯显然并不想让自己的身边围满最忠诚的支持者，他希望能够招贤纳士，找出最优秀的人才。他高度重视思想的多样性。尽管林肯的竞争对手与他是"一条心"——他们也支持废除奴隶制，但是每个人对于具体的实施措施却各有见解。林肯总统非常乐于接纳来自不同方面的建言献策。他组建了一个团队，以便帮助美国应对各种挑战——从内战期间保证美国避免背负巨债，到制定废除奴隶制的法律。林肯总统知道，仅凭一己之力难以克服这些巨大的挑战，他愿意放下自我，忍受那些人的自负，因为他们有办法让这个处于自我毁灭边缘的国家悬崖勒马。你们知道林肯总统的超能力是什么吗？毋庸置疑，他博闻强识，嗜爱工作，但他真正的本领是，他能够建立各种人际关系，将代表多样化思想和信仰的人组成团队。

《竞争对手团队》（*Team of Rivals*）一书的作者、历史学家多丽丝·卡恩斯·古德温（Doris Kearns Goodwin）认为，在各色人群中建立关系方面，林肯拥有罕见的能力。请以林肯作为人际关系课程中的榜样。你越擅长建立人际关系，尤其是同那些与你意见相左的人建立关系，你作为团队建设者和领导者就越发具备不对称优势。

在本章中，我一直在强调，你需要了解自己的真正才能。这样你就可以更轻松地把你的自我放在一边，欣然接受不同的观点。很多人都认可，没有一个人是万能的。然而，问题在于，我们能否克服以自我为中心的思想，并乐于接受"其他人也可以有更好的想法"的现实。在过去 25 年里，从体育赛场到海豹突击队，再到公司和慈善机构，我领导了各种不同的团队，我发现了具有不对称优势的队友所具备的 7 种特质。无论团队身处何种困境，面临何种挑战，如果它的成员能够具备下列特质，那么团队就将无往不胜。

特质 1：能力，即学习新技能和掌握新知识的求知欲。

特质 2：看法，即对于过去的经历和挑战是如何塑造人的态度、观念和行为的思考。

特质 3：沟通，即能够并且愿意表达自己的想法和情绪。

特质 4：干劲，即一种敢为的精神、一种强烈的职业道德、一种对成功的渴望。

特质 5：谦逊，即包容、自知，尊重他人。

特质 6：灵活，即摒弃一种想法或一种信仰，欣然接纳新的想法或信仰的适应能力。

特质 7：无私，即愿意为他人服务，将真理及他人的利益置于自身利益之上。

大多数团队建设者都没有精力在茫茫人海般的申请者中精挑细选，择优录取。在大多数情况下，领导者都是去接手一个现成的团队，而该团队的成员往往并没有经过严格选拔。不过，伟大的领导者往往非常善于挖掘手头人才的最大潜能。他们总能找出方法，激活每位成员身上能使团队受益的最佳品质。上述 7 种特质就是能使团队受益的最佳品质，你的一举一动越是能体现这些品质，你的队友越会学习效仿。毕竟领导者的个性和行为直接决定着整个团队的个性和行为。

能力

我使用"能力"这个词来定义智力方面的一系列技能。显然，我的意思并非指智力、考试分数、高中或大学成绩。**我所谓的这些技能是指，一个人有意愿、有能力去学习新概念，并将其应用于相应环境中。具有不对称优势的团队必须成为一部学习机器。赫拉克利特曾说过，只有变化是恒常的。团队的成员拥有必备的心智能力才能完成任务，这个是先决条件。**毕竟，你不会聘请一名软件程序员加入管弦乐队，去演奏小提琴。不过，你在挑选队员时，肯定想既了解他们的能力，又了解他们的思考方式，而根据他们对探索与学习的好奇心程度，就可以同时做到这两点。学习、理解、应用新概念和新技术的能力对于应对挑战至关重要。最富经验的团队能够运用自其他环境中学到的经验教训，来解决自己面临的问题。有些人更善于语言表达，其他人则更擅长联想和视觉表现；有些人喜欢深入细节，其他人则爱整合细节，纵观全局；有些人喜欢解决问题，其他人喜欢探索创造的可能性；有些人喜欢先思考然后发表看法，其他人倾向于从人脉资源和头脑风暴中获得启发。无论是思考、学习，还是解决问题，都没有唯一正确的答案。其实，如果能够综合运用所有这些方法，你的团队会变得更加强大；而团队成员的能力将帮助他们摆脱自我，接受不同的解决方案。

看法

我之所以用"看法"这个词，是因为它反映了一个人对待生活的态度。看法通常是由经验塑造的——一个人如何思考，如何应对不断出现的挑战和障碍。究竟这些挑战会束缚这个人，还是会激励他呢？他会如何应对困境呢？当他再次面临同样的阻碍时，会作何感受呢？他的反应会反映出他的生活态度。

另一种探讨"看法"的方式来自斯坦福大学心理学家卡罗尔·德维克（Carol Dweck）的研究，她对比了两种思维模式，并分别命名为固定思维模式与成长思维模式。那些有固定思维模式的人更愿意相信，身体方面、心理方面、情感方面的才能、技巧都是一成不变的；那些具有成长思维的人则倾向于相信，通过不懈努力，自己可以获得并提高这些方面的才能、

技巧。直到 2006 年，德维克教授才正式公布了这两种思维模式的特征。其实，美国军队的特殊操作培训已经就德维克教授归纳的那些特征进行了 50 多年的测试。这类培训主要是为了强化军人们的敏捷性、坚韧性、适应性。从"绿色贝雷帽"到海豹突击队，所有特种部队都会测试候选人是否有能力打破"先入为主"的自我限制。人们对困境的看法是一个明显的指标，足以说明当遭遇看似不可逾越的障碍时，他们在团队中会有何种表现。

沟通

我之所以运用"沟通"这个词，并不是想说，你需要像一位畅销书作家那样笔耕不辍，也不需要像一位伟大的演说家那样滔滔不绝，但你需要勇敢地传达自己的想法和情感。人们的沟通方式与团队动力密切相关。我将在第 3 章详细介绍这项技巧。通过音响（或者是 iPod）的扬声器我们才能享受美妙的音乐，而一个人的沟通能力亦是这般重要。**你可以是地球上绝顶聪明的人，也可以是最具创造力的人，但如果你的沟通方式既不诚实，也不谦逊，且毫无说服力，那么你对团队的贡献肯定是很有限的。同样，如果你缺乏调节情绪的能力，你在团队中发挥的作用也会是有限的，而你的队友会发现与你**

相处并不轻松。林肯总统有一种防止情绪影响沟通的技巧：他会随身携带一本记满思想和情感的记事本。在他开口前，他会先记录下自己的感受，这样一来他就能够管理自己的情绪，防止这些情绪干扰或妨碍与别人的交流。我并不指望每个人都用林肯式交流法，但在与别人的交流过程中，我的确会密切关注他们的表达方式，特别是当这个人面临压力，或正在处理一件棘手的事情或冲突的时候，我会格外关注。

干劲

人可以拥有取得非凡成就所需的一切技能和才能，但如果这些人缺乏干劲，那么对于其所在的团队而言，他就造成比一无是处更糟糕的情况；这样的人会变成危险分子，因为他们的碌碌无为和郁郁寡欢将传染给其他团队成员。**这就是为什么海豹训练队会专门设立一个"X 区"，自我放弃的人就会被遣送到这个区。那些继续留在训练场上一决胜负的海豹候选人，被禁止接触那些下定决心要离开的人。**当然，普通人的生活中是没有"X 区"的，因此领导者必须特别警惕，根除团队中任何会对成员们的动机和干劲产生负面影响的行为。同样，自船沉入南极洲的浮冰下后，欧内斯特·沙克尔顿爵士在拯救船员的漫长征程中，最担心的是失去干劲。无论哪位船员显露出失去信心的迹象，沙克尔顿都会立即吩咐这名船员与他同住，这样自己就可以帮助他们恢复继续前进的动力。沙克尔顿爵士将缺乏干劲视作大敌，他用行为证明了"亲近你的朋友，更亲近你的敌人"这句话的价值。干劲意味着人们渴望并愿意工作，是建设健康有活力的团队的关键所在。这一品质的重要性再怎么夸大都不为过。身为领导者可以传授技能，但是一旦团队的动力开始衰退，你就有麻烦了。

谦逊

一个人谦逊与否是很容易观察出来的。他是在高谈阔论，吹嘘自己的种种成就；还是在谈论他人对自己的帮助？他是毫不避讳，承认自己的弱点；还是回答说："哎呀，我想不出来我有哪些不足？"我最喜欢问人家你最大的失败是什么。当你听到有人说"我觉得我运气挺好的，因为我从来没有失败过"，或是"我本人是不怎么失败的，但我周围的一直有人失败"。此时你就会明白，自己正在与一个不懂谦逊的人打交道。谦逊的人的嘴边总是挂着两个词：他们总是用"我们（we）"和"大家（us）"这两个代词；他们能迅速罗列出他人的成就，而对自己的缺点毫不避讳。《从优秀到卓越》（*Good to Great*）一书的作者吉姆·柯林斯（Jim

Collins）认为谦逊是最优秀的领导人身上最卓越的品质。他不是唯一强调谦逊的价值的人。《理想的团队合作者》（*The Ideal Team Player*）一书的作者帕特里克·莱克西奥（Patrick Lencioni）称，谦逊是团队合作者的三大必备品质之一（另外两种是渴望和智慧）。**对于一个团队而言，谦虚就像机器上的润滑油，能使得所有部件的运行更加顺畅、省力。一个人若是学会保持谦逊，他将不再因担心荣誉花落谁家而惶惶不可终日，而是会转移注意力，专心完成自己的工作。**谦逊最有助于改变自私自利者，以实现团队所需的最后一个关键品质：无私。

可以肯定的是，干劲和谦逊并不能时刻共存。很多时候，你会遇见充满干劲的人，但这是一种不惜一切的干劲。他们宁愿牺牲个人的诚实正直以及建立起来的人脉关系，也要为自己实现目标搭桥铺路。他们会把这种判断失误合理化为：这是成功路上"需要付出的代价"。在追求认可的过程中，他们绝不会错过任何牺牲他人来营销自我的机会。一旦成功了，他们就会声称，自己仰仗着一流的技术，才取得了今天的成就；不过，一旦跌倒了，他们马上就开始怨天尤人，将失败归咎于他人。求队友的过程中，如果发现有人有这种凡事"以我为先"的态度，那一定要坚决摒弃。你所寻求的，是谦逊，而不是傲慢。谦逊的人是有底气的；他们充满自信，对自己的优点缺点了如指掌，并不需要踩低别人以抬高自己。将团队努力据为己有、居功自大，这种行为对团队动力的危害性是最大的。反过来看，如果队友们能承认个人的贡献，尤其是团队领导者能够认可个人的努力，这支团队就会变得强大有力。

在我的公司被 *Inc.* 杂志评选为全美国发展最迅速的公司之一后，记者曾问道："您是如何设计出'完美伏地挺身'健身辅助器的呢？"我的回答是："和另外 25 个人一起。"

灵活

作为具备不对称优势的团队的队员，第六种应当培养的品质是灵活，即能够不断调整自己的思维方式，以适应环境的变化。计划永远赶不上变化，你的团队实时应对这些变化的方法，决定了你们成功的可能性。我的结论来自我的经验。我刚刚创办自己的公司时，我缺乏应有的灵活性。如果我当时一直关注销售数据，真正听从客户们的看法和建议，我本来是可以更快地改变产品方向的。我有成功的动力，但因为不够谦逊、缺乏灵活性，我变得刚愎自用，直到 4 年后我才被迫改变现状。**我筹集了 150 万美元来推广我的产品，最终却花费了 147.5 万美元买了一个教训：这些推广方法是错误的—— 一切都源于我没有意识到，灵活性是一种长处，而不是弱点。**只有当我濒临个人破产时，我才改变了自己的产品方向，并推出了不同的产品（也就是"完美伏地挺身"健身辅助器）。一旦一个人变得固执已见，他就会对机会视而不见。灵活的态度会使领导者和团队的眼界开阔，发现即将发生的变化，因此适应能力也会成为团队的超能力之一。

态度是极少数我们自己可以控制的事情。你会惊讶地发现，从干劲、谦逊到灵活，当我们的业绩保持在最高水平时，这些态度的呈现方式会非常不同。在海豹突击队担任领导期间，我所面临的最大挑战，归根结底一直都与我的态度有关。在布置爆炸物时粗心大意，或是在巡查城市环境时莽莽撞撞——这样不认真的态度，会将很多人置于无谓的风险之中，害他们面临重大伤害的威胁。

我还有其他一些有待纠正的态度，比如自满（"我们已经够好了"），甚至是懒惰（"我们没必要更加努力地训练"）。这些负面态度会湮没个人潜力，进而妨碍团队发挥自身的潜力。

无私

不管在军队服役，还是为公司效力，抑或是为非营利组织做贡献，当我们选择某一份工作时，就意味着我们愿意为此付出自己的时间和精力。无私就在于一个人究竟愿意为团队付出多少。在海豹突击队中，无私是准则——不管是什么事，"我都会鼎力相助"。海豹的队员们从事这份工作时很清楚，为了完成任务，自己可能会牺牲生命。这是一种极端的承诺，当然不适用于每个人；不过，在普通民众中，也会有人怀着这样的牺牲精神，只是形式没有这么极端。**你认为你的队员们会从哪里学习，如何接纳他人的思考方式、他人的想法、他人的观点？就是从你这儿，从团队领导的身上。通过你如何为队友们服务，就能很准确地预测出他们如何为彼此服务。在他人接受你的领导之前，你应该率先迈出无私行动的第一步。**

在得到回报前，有些人生性比别人更愿意无私付出。父母们尤其如此。女性体内的催产素是男性的 4 倍以上，催产素是一种引导孩子出生、促进乳汁分泌的激素，它还会强化人们的同情心。无论我们来自什么样的背景，关心他人都会激起我们最强烈的情感；因为遗传的原因，我们与生俱来地会对别人的关心做出回应。你接手的团队可能不会自然而然地表现出服务的倾向或热情，但这个团队会通过你的服务行为产生这种倾向和热情。通过表示对队员们的成长和幸福的关心，你会促使一群松散的个体组成一支具备不对称优势的团队。

无私不仅仅是为他人服务；无私也包括为真理服务。"为真理服务"可能听起来有点奇怪，但这正是你应当具备的品质。服务于他人和服务于真理并行不悖。如果一个人不能始终诚实地为他人、为真理服务，这个人就不值得信任。"品格"这个词可能听起来有点老套，但在当今时代，它格外重要。科技日新月异，天气变幻莫测，政局改弦易辙，就算一切都会改变，但你保持正直、举止端庄的无私承诺永远都不应该改变。这一承诺是建立一切关系的基石。保持自己的品格、谦逊和正直是建立具有不对称优势的团队的基础。

人不是单一维度的。我们都有自己的才能和态度，而我们运用自己的才能和态度所做的事情定义了我们。没有一个人是万能。我们每个人都有一种天赋——一种超能力。通过练习和磨砺，这种天赋会在我们所服务的团队中发挥重要作用。个人和团队成功的最大障碍在于自我。**"自我"会迷**

072 __ 如何打造 10 倍优势小团队

惑我们，让我们误以为我们比真实的自己更好，它会阻碍我们接受更棒的想法，也会拒绝那些能够协助我们取得成功的人。在建立团队时，团队领导者的第一项业务是了解自己的优势和劣势。领导者越了解自己，他就越容易与拥有互补优势和互补观念的人相处。

请记住，我们只能控制三件事：我们的心理能力、情感能力和身体能力。我们的关注重点会塑造我们的行动方式，而我们的行动方式又决定着我们的行动内容。这一原则对于团队行动来说同样适用。你作为团队建设者和领导者的工作，是建立一支具备这 7 个特质的团队。引导团队的关注重点，并树立一个榜样，展现成功所需的行动。其他人对你所示范的关注点和行为的接受程度，将会对他们所采取的相应行为产生直接影响。当你领导的团队从一支（首先是领导自己的行为平台）扩展到多支时，你最大的挑战就在于如何与这些团队建立联系。第一步就是激活"关注"（CARE）循环。

第三章

联 系

夯实信任关系的 3 "C" 模式

CONNECT

打造 10 倍优势，必须启动 CARE 循环，而
CARE 循环的第一步就是"联系"。稠密的联系可
以强化团队的能量等级，联络更多的资源。对于实
现"超视距目标"而言，这构成了核心基础。领导
者可以从三个方面激发团队的联系：交流、信誉和
忠诚。

"关怀" 循环

　　爸爸把我们的米色别克旅行车改装成了一辆带有枕头和毯子的临时救护车，枕头和毯子是折叠沙发上的。两周之前，那张沙发还是我的床。我之前就被诊断出患有肺炎，但这次情况有所不同。每当我转身时，我都会看见白色闪光，随着这束闪光的出现，我的背部开始剧烈疼痛。深夜时，爸爸带我去了医院，而妈妈则留在家里照顾年幼的弟弟。抵达医院后，医生担心我患有脊髓性脑膜炎，把我送进一个单独的区域进行脊髓穿刺。直到 12 岁时的那一刻为止，我人生中一共有过两次最不舒服的经历：一次是我越过自行车把手，腾空飞了出去（额头因此缝了 11 针）；一次是退潮时，我从码头跌落到一只小船上，右大腿被桨架刺伤。然而，从脊骨之间抽取脊髓液的感觉比那两次事故更加糟糕。

　　医生的手必须十分平稳，骨髓穿刺器的针头才能插入，同时病人需要保持胎儿般的姿势，静止不动。这是一个需要异常小心的过程，一旦医生破坏了病人脊髓中的任何神经，都会对病人造成极其严重的后果。一开始，我不理解为什么这么多人都要聚在手术室里，直到针头刺入我的后背时，我一下子全明白了。两名护士一人各拿着一只便盆，分别站在不同的位置，一个靠近我的头部，另一个靠近我的背部。父亲抱住了我的脑袋，而另一名护士将我的臀部固定在床上。幸亏大家都在这儿，因为我确实需要他们。我从没想到过，人能一边呕吐一边排便。这对我来说是令人难以忍受的尴尬经历，因为我刚刚进入青春期，而且两名举着便盆的护士都是女性。

谢天谢地，检查证明我没有患上脊髓性脑膜炎，但恐慌驱使我的父母又去寻找了另一位肺部专科医生。这位医生在马萨诸塞州南桥镇附近最大的城市伍斯特。他的办公室，与其说是一间检查室，不如说是一间实验室。他对我进行了一系列的检查测试，从吹气机器到测试我可以让一个乒乓球在管内的几条线之间漂浮多久。我每次呼吸练习都会得到一个数值，医生在图表上绘制出这些数值。经过大约半小时的各种测试后，他举起一只手说："已经够了，我知道问题在哪了。"

他把我们带到实验室中间的一张桌子边，拿起他用我的测量结果绘制的图表，转头对我的母亲说："米尔斯太太，可以肯定，您的儿子生病了，请您看看这张图。""这是您儿子大概的肺活量，这边是同龄孩子正常的肺活量。"停顿了一会儿后，他补充道，"您儿子的肺比一般孩子的肺要小，而且他还患有哮喘。"在提出他的建议之前，他再次停顿了一下，然后说道："我可以给他开治哮喘的药，但我建议他平时少动，最好去学国际象棋。"

一听到国际象棋这个词，我非常难过。妈妈察觉到了我的失望，她拍了拍我的肩膀。然后，她去找医生，并让我去候诊室等她。当妈妈回到接待区时，我的眼泪一直止不住地在脸上淌着。妈妈看了我一下，随后问道："奥尔登，怎么了？你怎么哭了？"

我抬头看着她，喊道："妈妈！象棋？我不擅长下象棋！"

妈妈跪在我面前，她的右手用力抓住我的左前臂，长长的指甲陷进了我的肉里。"听我说，没有人，我的意思是谁都不能，"她的指甲陷得更深了，"决定你能做什么或不能做什么。一切都取决于你自己。现在我把药给你，但你自己来决定你能做什么。听到了吗？"

一开始，我很难不去想医生说的话。每次发现自己呼吸困难时，我都会想，我最好慢下来，或该用吸入器了——只有当哮喘严重到一定程度时才会使用这种辅助工具。我很容易自怨自艾，很容易为自己跑不过别人找到借口，也容易把自己的不作为解释得合情合理。我的大脑非常擅长现场重演，而且时常会浮现这样的场景，医生说："您儿子的肺比一般孩子的肺要小，而且他还患有哮喘……我建议他平常少运动。"不过，随着时间的推移，这些画面不时被我母亲的话打断，并逐渐被另外的画面取代了："你自己来决定你能做什么。" 在高中时，这句话第一次得到了验证，当时我非常努力地想加入赛艇俱乐部。

我依然记得第一次观看赛艇比赛的情景。当时，我坐在旅行车里，这部车在我小时候的好几年里一直都充当临时救护车的角色。我们绕着胡萨托尼克河河边的一条弯道开了一圈。河中有 3 艘线条流畅的赛艇，其白色玻璃纤维外壳闪闪发光。8 支桨同时完美地击中水面，这一场面令我着迷，看起来就像一只巨大的蜈蚣在水面上滑行。我立即感受到了我与赛艇冥冥之中的联系。这种运动和船有关，其唯一目的就是在水上快速前行。对我来说，赛艇代表着完美的团队合作——在这项运动中，没有顶级得分选手，没有全场最佳选手——只有 8 名运动员整齐划一地挥动自己的桨。我内心非常渴望从事这项运动，其渴望程度甚至盖过了我脑海中那位肺部专科医生挥之不去的声音。情况变了，我开始在意，过去两年里父母对我自始至终的鼓励：一切取决于你自己。第一次成功为后续不断的成功埋下了伏笔。随着时间的推移，我建立了信心，尝试进行更多的体能活动。赛艇带领我进入了美国海军学院，又带领我加入了海豹突击队，最终带领我开启了我的第一次创业。**可能从表面上看，创业对身体素质的要求不会很高，但是请相信我：压力就是重力，因此创业也需要很优秀的身体素质。**

一想到如果当初我将父母鼓励自己的话当耳旁风，并接受了医生的建议，我就不寒而栗。我希望他并无恶意，他只是试图让我减少发病的可能性，保证我的健康。在某种程度上，他是对的，因为我确实一次又一次地生病，有时甚至到了非常严重的地步。我曾经是高中赛艇队校队的队员，但是后来因为罹患肺炎，我被迫退队了。在美国海军学院时，我也多次因为肺部感染而错过赛艇队的练习。在我缺席的日子里，赛艇队的队友们会发挥他们的幽默才智，把棉花糖粘到我的空位上，用 7 支桨代替 8 支桨进行练习；之后他们会告诉教练（教练就在我的位置前面），棉花糖让他们划得比我在的时候更快！我最严重的一次肺部感染发生在海豹突击队的训练过程中，我因此被迫中止了课程，连续几周重复第二阶段的训练。这些经历都是特别痛苦的，但我一直在逐渐熟悉每一种病痛；病痛并没有阻止我完成自己的目标。多亏了父母直截了当的沟通，自始至终的爱与支持，以及他们对我的幸福和个人成长所做出的贡献，这给予了我坚定的决心，和继续前行所需要的支持与鼓励。

我同你分享这个故事，是因为它展示了联系的力量，以及信任的力量。是的，这就是爱。**无论你从事什么行业、担任什么职位，你的成功都取决于你建立人际关系的能力。建立联系的核心在于同理心——站在你同事的角度，理解他们的观点，最重要的一点是，理解他们的感受。**与他人建立联系需要同理心，而同理心要求你勇敢揭开自己的弱点，光明正大地采取行动。

如果我描述的内容听起来很像是父母在孩子的生命中所扮演的角色，那就对了。我的母亲也饱受哮喘的折磨，她经常同我分享自己学习控制这种小病的经验。我不停地尝试各种新鲜事物，因为比起其他人，我最信任的人只有我母亲，哪怕对方是一位肺病专家。这种信任你也会在具有不对称优势的团队中找到。信任是一种为了共创辉煌而必须同你的团队建立的联系。我们都会质疑自己的能力，但当我们信任的人鼓励我们抛掉恐惧和疑虑，坚持追求时，我们就能够取得超乎想象的成就。

期望伟大团队统统采用我母亲鼓励我的战术似乎不太现实，但实际情况是，这些团队真的采用了相同的做法。正是这种程度的关怀使得一些团队所向披靡，而其他团队却相对平庸。遗憾的是，并不是所有人都能从与父母相处的正面经历中有所获益。为了弥补在家庭生活中缺失的关爱、安全感以及支持，他们可能已经形成了自己的一套应对机制。安全感的缺失往往源于过去的各种经历。**作为一个以关怀为基础的团队建设者，你的首要任务是学习如何同时运用人与人之间的三种联系：身体联系、精神联系、情感联系，来建立人际关系，借此打破人与人之间为了自我保护而树立起的防备机制。**或许这样的行为听起来有些"情感外露"，但绩效最佳的团队正是建立在关怀的基础之上，而关怀也同样是和谐美满的家庭的奠基石。**正如亚伯拉罕·林肯总统所说"要想让一个人心甘情愿地支持你的事业，你必须首先走近他的心灵，这是通往他的理性的坦途"，这正是本章的内容：通过建立心灵联系，来赢得人们的支持。**

接下来几页，我将介绍一些有助于同形形色色的人建立信任关系的技巧。不过，在我进一步解读之前，我想让大家明白，为什么与人们建立联系举足轻重。请记住，"联系"这个词在本书中并不是指发送电子邮件，而是在精神方面和感情方面建立人际关系的纽带，从深层次来吸引他人。如果你仍然对这种深层次联系的重要性持怀疑态度，那么可以去看看盖洛普的"美国职员敬业度"调查。该调查发现：近2/3 的美国劳动力并不敬业。

这还不是全部。该调查指出，16% 的员工游离于工作之外。在接受调查的对象中只有 21% 的员工觉得自己是完全敬业的。不过，该报告还显示，处于敬业的领导者领导下的员工，几乎有 60% 的人觉得自己在工作中很投入，并且充满了动力。这份调查报告刻画了美国企业中领导力的惨淡景象。这表明我们更加需要强调我在"关怀"框架中提出的领导力"柔"的那一面。盖洛普的调查发现，只有 2/5 的人在工作中感受到了关怀。缺乏关怀无疑会影响工人的态度和表现，更不用说他们的身体健康了。可能他们确实按时上下班，却并不敬业，根本不能变得势不可当。

敬业感源于何处呢？当员工埋头工作时，敬业感就自然

而然产生了吗？或者，当你在给员工们设定截止期限或制订
计划时，这份敬业感就被激活了吗？敬业不是一个可以随意
开始和停止的程序，也不是一项待办日程。作为领导者，你
需要持续不断地关注团队中的每一个个体，敬业感其实始于
也终于作为领导者的你。

强生公司连续 16 年被《财富》杂志评选为美国最令人称
道的公司之一。我在拿到工商管理硕士文凭后，进入强生公
司的总部实习了一个暑假。这是自海豹突击队退役后，我首
次作为普通民众所获得的工作。拿到这样的机会使我幸福感
爆棚。我阅读了吉姆·柯林斯（Jim Collins）和杰里·波拉
斯（Jerry Porras）合著的《企业不败》（Built to Last），他
们将公司宗旨与公司业绩联系起来的研究，令人印象深刻。
他们二位最看重的是强生的信条，书中花了整整四段来介绍
该公司的宗旨和经营理念。正如他们所言，宗旨不会直接导
致公司的成功，但如果将这些宗旨付诸实践，就可以驱动公
司取得卓著绩效。

我还记得第一天到强生公司入职时的兴奋感，我就要从
最棒的宗旨中吸取第一手经验了！在海豹突击队时，团队宗
旨对我来说意义重大。当我带领我的第三支小队时，通过运

行一套程序，**我为队友们制定了小队的宗旨：随时随地做好完成任务的准备。虽然这条宗旨不够花哨，但它是我们自己的信条；我们需要共同努力，努力贯彻这条宗旨。我们甚至将它雕刻成一枚很小的黄铜牌，并把它挂在我们队的原木上。我们有一根四脚原木，我们小队的指导员走到哪里，这块原木就会被扛到哪里。我们会把它放在我们的办公室里，这样我们开始和结束任务时，看到的第一件东西就是这块铜牌。强生果然没有**让我失望。在入职第一天的前四个小时里，我一直和其他新雇员待在一起的，其中包括实习生、兼职生、全职人员，我们一起学习如何实践强生的信条。一开始，课程并不是特别振奋人心。每个人都被分发了一张纸，纸上印着公司的信条，要求我们默读信条。

信条开头是这样的："我们相信，我们首先要对医生、对护士、对母亲、对父亲、对所有使用我们的产品和服务的顾客负责。"这四段文字明确地表示，公司优先为顾客服务，接着是职员，然后是社会，最后是股东——遵循这个顺位。确实很少看到如强生这样的公司，将决定股价的投资者排在最后。**不过，真正打动我的，还是指导老师第二天说的话："我想请你们回想一下，你们最关心的人什么时候用过一种或者几种强生的产品。"**尽管强生公司生产了不少产品，但可能最出名的非邦迪创可贴莫属。我开始争分夺秒，绞尽脑汁思考我什么时候用过邦迪——有了！有一次，我朝我弟弟的脑袋上扔了块石头，害得他的头裂了一条大口。在母亲用强生绷带为弟弟止血后的一段时间，我依然记得那种糟糕的感觉。指导老师要求我们回忆这些片段，接着让我们同组内的其他人分享自己的故事。我们一个接一个讲述了各自的故事，一起讨论了彼此的感受。尽管当时我没有意识到，但这个过程对我们每个人都有帮助，整个小组因此形成了与公司信条以及彼此之间的共同情感联系。自那天起，信条活了，充满了生命力。因为我们不再只是有着知识文字层面的联系，我们之间也有了情感上以及身体上的紧密联系（本章稍后会介绍何谓"身体上的联系"）。显然，人们的人生体验是不尽相同的，但如果我们能通过一个共同目标将各自的记忆联系起来，我们就能顺利地变得势不可当。

要想实现与他人的联系，需要同时调动行动平台的三个组成部分：心理能力、情感能力、身体能力。你需要向他人证明：你值得信赖。与他人深度联系意味着什么？这意味着，你必须怀着好奇心，保持真实和坦率，愿意倾听，最重要的是要一直保持建立联系的意愿。**你需要与团队成员产生人际关系，进行合作——你需要理解他们的担忧、他们的焦虑，他**

们的感知局限，接下来与他们齐心协力共同克服挑战。每克服一项挑战就会加深你们彼此之间的联系，增强信心，促使你们继续追求更加艰难的目标。

不过，请记住：被指定为领导人可不一定就能轻易赢得团队信任。作为一名领导者，你并没有自然而然、与生俱来的人际关系。你必须通过我所说的三个"C"来建立这种联系：

· 交流——包括身体层面的、心理层面的、情感层面的。

· 信誉——要求正直、负责、谦逊。

· 忠诚——需要可靠性、一贯性、专注性。

请别认为这些行为和品质有先后之分，其实这些要求就如矩阵一般，相互交织联结，逐渐构成人与人之间的信任关系。它们彼此之间相互联系。你必须言行一致，心口如一。所有这些因素汇集在一起，就能够或微妙或明显地传达出你的真实性和可信度。这三个"C"是一揽子交易；它们互为基础并彼此强化，如果不培养所有这些品质，你很难具备其中任何一种。

交流：稠密的连接带来参与感

我第一次创业之所以会选择建立一家健身公司，是因为我个人向来对健身抱有激情。锻炼曾经是（现在也是）帮助我克服病痛，实现我的教育追求以及职业目标的关键因素。每当想到锻炼时，我的脑海里就会浮想联翩。我会想起自己攻克难关的过程，想起自己不断增强的耐力，进而督促自己向看似不可能的目标前进。

尽管我同健身之间建立了强大的个人联系，但是大部分人并不存在这种关系。一提起"健身"和"锻炼"这两个词，很多人脑海中便会浮现出健身房里汗流浃背、体格健硕的运动员的形象，以及许许多多辛苦费力的事情。正是因为许多人对健身没有形成正面印象，所以在我招募顶尖人才来建立团队时，就必须十分费力地寻找那些像我一样——与健身建立联系，致力于过健身生活的同伴。我花了好几年的时间才明白，如何才能既向潜在的"内部"队友传递建立联系的信息，同时又发展"外部"队友，即那些被大部分生意人称作顾客的人，建立联系（我将在第 7 章讨论这一思维转变，但在此可以说，对我来说，客户也是队友）。如果你无法同你有意招纳的人建立联系，又如何同你的顾客建立联系呢？当然，你也许有本事在不与他们建立关系的基础上，让他们买账，但从长远来看，这样的行为缺乏可持续性，因此也是不可取的。**无论你的未来队友被称为员工、顾客、志愿者、水手，还是士兵，只有在感受到连接之后，他们才会投入自己的时间、金钱以及精力。同他人建立关系的首要途径在于沟通。**

你可能觉得这是显而易见的。不过，你可能并不知道，在 55% 的面对面交流中，实际上，并不存在任何的语言沟通。事实就是如此：研究证明，我们大多数的交流其实是通过肢体语言和语调完成的。

从重要性角度而言，我们说话的方式占到了 38% 的权重，我们说话的内容所占权重只有 7%。在你藐视这类半调子学术研究根本无法运用于现实之前，请想一想你会从他人的身体姿势中得到些什么信息。下面的例子可以帮你进一步思考：

1. 懒散地瘫坐在椅子上。

2. 脚步拖沓。

3. 下巴缩到胸前。

4. 肩膀耷拉。

5. 徘徊前进。

我还可以继续列举更多的例子,但想必你已经很清楚了。以上每一种姿势都展现了一个人的负面情绪,"我不在乎""我没兴趣""没有精力""我被打败了""我不认为这件事是可能实现的"……也许人们可以说很多违心的话,但是他们的肢体语言没法撒谎;其实,肢体语言所传递的信息比言辞更有力。很多时候,在一个人还没开口讲话之前,我们就已经对他形成了一定的印象。

现在面部表情和眼神交流也纳入了交流方式之列。人类的面部有 43 块肌肉,能够做出 21 种不同的表情。从悲伤到欢乐,表情足以说明一切。下面来说眼神交流。**不是盯着他的脚,不是目光越过他的头顶,也不是盯着自己的手看,而是直视对方的眼睛,这能使双方在开口说话前进行大量的眼神交流**。你要学会有意识地协调所有的交流元素:肢体语言、面部表情、眼神交流。接着,你会发现,在建立人际关系、信任关系方面,你的能力会有所提升。

在交流时,对方一直不回头看你,你遇到过这种情况吗?这时你做何感想?你会认为这人对你和你阐述的观点是专注的、关心的吗?不妨这样说,你坐在自己的座位上,有人走过来请你帮忙，如果这个人屈膝，以便自己的视线和你的视线保持水平，你愿意帮助他吗？这种行为其实强烈地传递着希望交流的信息。人们基本都会放下手头的事情，转向这个寻求帮助的人，耐心倾听，尽力弄清楚自己如何能帮到他。当你走进某人的办公室时，如果出现了以下两种场景，那么哪一种会让你觉得与他建立了更多联系？

1. 你走了进去。这个人却没有将视线从电脑屏幕上移开，也没有调整姿势，而是假装没有看见你走进来。
2. 你走了进去。这个人从电脑屏幕前抬起头看着你，立刻与你进行眼神交流，并起身迎接你。

这两种情况其实都属于无声交流，并为接下来将建立的联系奠定了基调。在第一种情况下，你不会想着同这个人扯上关系，你甚至都不会认为这个人在乎你。你的防备意识增强了，思维进入了"战或逃"模式。你唯一想到的事情只有：什么时候才可以离开。在第二种情况下，肢体语言传递出了完全不同的交流信息。你不会觉得受到威胁；相反，你很放松，你的思维依旧开放活跃，充满创造力。第一个例子传递着如何避免建立联系的信息，而第二个例子却展示出如何带着关怀建立联系。

现在请对交流的心理成分进行分层。您是否首先会关注自己的想法和需求？当你说话的时候，是否经常会用"我"和"本人"？你会说他人"为"你工作，还是"与"你一起工作？你是否会利用自己的权威来要求别人"我要你在某时间做某事情"，还是在讨论如何完成一件事时，征求意见或寻求帮助？我们都见过一些人利用自己的身份、地位对周围的人发号施令，颐指气使，好像地位和权势赋予了他们这样的权力。他们认为领导者就是要告诉别人做什么。他们不去建立信任关系，而是打造出一些事必躬亲的微观管理者，并让这些下层管理者对他们产生畏惧感。紧接着他们就该奇怪，为什么自己的部门业绩不达标，为什么就创造不出世界一流的产品呢？各种指示不断发出！不仅要对时间、金钱、库存进行管理，也要对项目和流程进行监管。不过，员工们其实更希望别人能认识真正的自己；他们希望自己的超能力被认可；他们想要贡献力量；他们想要得到领导的赏识；他们还想要得到关爱。**我们都在寻找让自己学习成长、贡献力量的爱的鼓励，也在寻找这样的机会。我们需要感到这种联系的存在，不仅仅是与他人的人际联系，同样还有与我们的工作目标之间的联系。这就是盖洛普测验中所谓的参与感。这种联系并不是"可有可无"的，这是人类的基本需要。**每个人都想确认上司对自己是关心的，而非被视为一群能够实现其目标的机器和工具。

正如盖洛普测验的设计者所说："员工们需要知道领导者关心他们，首先因为他们是人，其次才因为他们的员工身份。"在具有不对称优势的团队中，员工就是队友。他们不是在为自己的领导者服务，而是领导者们在为他们服务，并且彼此同时在为团队目标服务。当你开口时，请明智地选择一些词句，营造一种语境，让队友们明白，为什么他们应该选择与你站在同一个战壕中。作为团队的领导者，你是第一个也是最应当给出他们理由的那个人，你需要让他们相信，大家正在做的事情很重要。

迈克·沙舍夫斯基（Mike Krzyzewski）是美国大学体育协会（NCAA）历史上最成功的篮球教练之一，绰号"老 K 教练"。他的球队蝉联了 NCAA 的冠军，并 7 次杀入了四强。作为史上胜率最高的大学篮球教练，迈克教练最近还加入了田纳西州首脑峰会（Pat Summit of Tennessee）。迈克教练在《用心领导》（*Leading with the Heart*）一书中，概述了教练的理念。真诚的沟通是他的训练方法的核心："在你袒露真心之前，队员们是不会追随你的领导的。只有当他们信任你时，他们才会认可你；而只有当你始终告知他们真相，承认自己的错误时，他们才会信任你。"

不管你是在训练篮球队，领导海豹突击队，还是在建立公司团队，这些都不重要，重要的是所有团队都建立在人际关系的基础之上。团队建设者其实扮演着人际关系建立者的角色，而建立人际关系首先需要学会如何同人们进行心理方面和情感方面的交流。

将情感作为同他人建立联系的有力工具，这是有效沟通的第三种构成要素。例如，在涉及合作时，很多领导人确实是出于善意去征求意见的，结果却往往因为不真诚而弄得一团糟。**与他人建立情感联系的核心就在于好奇心：好奇他们的身份背景，好奇他们的观点看法，好奇他们在面对同一挑战时不同的解决方法。在团队建设中，"好奇害死猫"这句俗语并不适用；相反，团队的格言应该是"好奇连接一切"。**

如果不是从确定因素开始，而是从好奇心（因此也算是脆弱性）开始建立联系，那么你与他人的合作关系就会拥有良好的基础。如果不懂合作，不懂撬动团队的超能力，那你一定会吃亏。不过，如果能采取保证合同成功的三种核心行动，即询问、倾听、理解，那么你将会从每位队员身上汲取力量，获得资源。合作其实是一件难事，因为合作要求你——作为一名权威人士，承认自己一无所知。如果你正与他人合作，那么这意味着你承认了自己需要他人的帮助；承认他人在某些方面要强于你；承认了他们的观点很重要，能为团队带来价值。要想事情从一开始就很顺利，那么请你在抛出问题前这样说："我们需要你帮助我们解决这个问题。"通过这句话，你将传递出这样的信息：他们的观点很重要，你关注他们的看法；在探索解决方案及突破性观点时，你与他们有着紧密的情感联系。

许多人的麻烦往往出在第二种行为中：他们不知道如何倾听。我们都面临过这样的情况：有人征求我们的意见，但他并不重视我们的意见。我们很容易就能揪出这些假装在倾听的人。他们无法与我们保持眼神交流，也可能他们的注意力被其他任务分散了，比如检查邮件、看报告书。他们的肢体语言和语调似乎一直在传达着这样的信息："我不关心你的看法。"他们很有可能是双臂交叉（一种封闭和抗拒的姿态，这说明他们并非积极倾听），以及把重心转移到脚掌上（在对话时身体不向对方前倾，以此拒绝建立联系）。这种倾听是毫无用处的、不诚实的、粗鲁的。

选择性倾听也是某些人有时会耍的小花招。他们倾听的重点根本不在于你说话的内容，而在于怎样才能驳斥你的观点，证明你说的是错的。如果你发现，在别人还来不及回答你的问题时，你就频繁地打断他们；又或者，在一个人说完一句话时，你已经在心里准备好了自己的答案，那么你就是在有选择地倾听，他人会因为这样的行为而对你关闭心扉，不再信任你。

积极式倾听的目的是试图理解他人。你能通过眼神交流、手势、姿势来判断一个人是不是积极式倾听者。最积极的听众会给予你充分的关注；他们会提出相关的后续问题，以确保自己理解了你的观点，他们可能会做笔记，并且会坦率地与你建立融洽关系。当人们放松时，即当他们觉得表达自我是安全的；当他们信任自己的队友和领导者时，他们会表现得更加积极。积极式聆听者也许与你意见相左，也许不会听从你的建议，但他们会对你这个人表示尊重，也会真心实意地重视你的意见。

你倾听队员和回应队员的方式决定着，你究竟是会激励整个团队，还是会导致队员们离心离德，脱离团队。心理学家奥米·艾森伯格（Naomi Eisenberger）和乔治·科尔里瑟

（George Kohlrieser）最近的研究表明："如果一个人能够感受到他存在于社会连接之中，那么这对其大脑就会产生很大的益处。"换言之，**真正的人际联系会让人觉得身体状态良好；身体状态好起来时，人们就会产生做好工作的动力。反而言之，如果人际联系突然破裂，我们的大脑会将其解读为身体上的痛苦。艾森伯格博士发现了我们俗称的"心碎"同身体之间的相互关系。我们渴望寻求人与人之间的联系，这些联系的断裂会引发我们身体上的痛苦。**建立联系不仅有利于团队活力，也有利于个人心灵的、情感的以及身体的健康。

信誉：借口极易贬值

领导者们往往"成也名誉，败也名誉"。你的名誉或个人影响力的核心其实就是承诺，它是由一群人和一套程序支撑起来的。一个人名片般的承诺不仅与他们沟通的方式有关，而且与这个人是否可靠，是否诚信行事，是否对自己的行为负责有关。你如何面对真相，如何处理困难的状况，如何掌控团队行动，以及你是否遵守自己的承诺，这些都对你的信誉起着决定性作用。**在谈论如何在团队成员之间树立信誉时，皮克斯（Pixar）的联合创始人兼前任总裁、创意公司（Creativity, Inc.）的创始人埃德·卡特尔（Ed Catmull）说道："你必须向人们证明，当提出提高效率、确保质量是团队目标时，你是非常认真的。渐渐地，我发现，对于'以人为先'这条团队原则，大家并不只是耍嘴皮子，而是真的将其贯彻到实际行动中了——现在我们正在保护这样一种团队文化。"**

无论你是成熟老练的元老，还是初来乍到的新人，作为领导者，你必须日复一日地遵守承诺，始终如一地为人处世，为自己赢得信誉。

正如我在本书第一章里提到的那样，当进入海军学校时，学校教导你的第一件事就是站军姿。不久之后，教官们会指导你如何应答。海军学校的一年级学生被称为"新生"（plebe），而作为新生，你必须掌握回应高年级学生的 5 种方法：

"是，长官。"
"不是，长官。"
"赞成，长官。"

"我会弄清楚，长官。"

"没有借口，长官。"

学院领导层之所以让新生学习这些基本的应答方法，就是为了让新生从第一天开始就习惯问责制。高年级学生有义务教导低年级学生对自己的行为负责，这也是与领导力有关的一种训练。前3个回答的含义很简单，后两个回答则比较重要。在某些情境中，人们都存在随口胡诌的倾向，"我会弄清楚"这种说法就是为了根除这个问题。在军队中，如果你对某些事情不确定，领导者希望你能承认，以免因此造成某些伤害。例如，进入潜水艇需要很高的素质，你必须知道转动阀门会有什么后果。无知可能会引发灾难性的结果。一个年轻的士兵曾转错了阀门，让300升未经处理的污水从通风井流入了我们的睡眠区。这个错误导致了6小时的紧急情况，其间潜艇只得浮在水面上，进而让整艘潜水艇上的船员都处于危险之中。之所以发生这种情况，是因为这位第一天上潜的年轻人不敢承认，他其实并不确定第41个阀门是做什么的。"我会弄清楚"这个短语表明，就算你什么都不懂也没有关系，但是，一旦你接受了责任，你就必须弄清楚自己不懂的事情。这样，你才能在团队中树立信誉。

最后一种回答方式是"没有借口"，这完全等同于接受
"责无旁贷"的事实。如果没有完成某件事，那就是你自己
的错，与其他人无关。下一个步骤就是为自己的行为买单，
同时不要把错误归咎于人。确实一开始很难做到这一点，特
别是当你的同学犯了错，却要追究你的责任时。有时就算你
没有做某些事情，教官也会故意让你承担责任。例如，在新
生开学训练的暑期，教官可能会从 3 个室友里剔除一个，让
剩下的两个人在极短的时间内打扫房间，等候检查。接着，
教官就会责备你，因为你没有完成任务。你的第一反应可能
是责怪失踪的室友，但是你被迫只能使用 5 种基本的应对方
式，因此，除了"没有借口，长官"之外，你没有别的选择。
尽管让你和另外一名室友去承担理应由"失踪"室友所负责
的区域，这似乎并不公平，但事实就是，不管室友在或不在，
打扫整个房间就是你的责任。这个道理在商场和运动场上的
同样适用。一位赛艇伙伴可能在休假，一位同事可能生病了，
即便如此，也应该由整个团队来填补空缺。**"没有借口"是
5 种基本应答方式中最难以实践的，因为你必须得为其他人的
行为负责。你不能归咎于人。你不仅需要关心自己，还要关心
他人——这是一次重要的思维模式的转变。**

现在换一个环境，你从军校新生变成了公司创业者，现

在你必须向投资商们公布一条坏消息，并做出解释。假设一名投资者质问道："为什么到现在都还没推出产品？第一季度出了什么岔子？"就这个问题而言，仅用军校的 5 种回应方式显然是不够的，因为其中涉及更多信息，但是你的回应依然应该能体现"我会弄清楚"和"没有借口"所蕴含的精神。举例说明，你会如何解释为什么至今还没有推出产品？如果你马上用手指着其他人，而不是率先承认自己的错误，那么你会失去信誉。相反，如果你首先担起产品一直未推出的责任，那么你在投资者面前将赢得高度的信誉——只要你不一次又一次地重复相同的错误。重复犯错误对你的信誉也不利。

有时候，究竟是赢得信誉还是失掉信誉的关键在于，你如何回答这个问题："发生了什么？"在宣布成就和达成目标时，你是独揽功劳，还是将其归功于团队成员的努力与协助呢？反过来，如果目标未达成时，你是愿意为失误、失败埋单，还是归咎于他人呢？这时你的答案应该是"没有借口"，从而将赞美传递给队友，让批评的长矛指向自己。你也许会反驳说这样有失公允，因为是"鲍勃一味吹嘘夸大，订购了过量的产品"，但这其实也是因为你没有纠正鲍勃的订单量，没有创建一套流程来复核库存，进而才导致了最终的结果。**即刻称赞他人的成功，迅速承担失败的责任，这样做不仅是在**

建立信誉，同时也能展现你的谦逊和正直。

在美国海军学院，正直是这样定义的："不撒谎、不欺骗、不偷盗。"看起来，这些似乎都是常见又易于遵守的规矩。

然而，太多的领导人却会自欺欺人地夸大事实和逃避坏消息，并将这些行为合理化。最需要做的事情其实正好相反，应该经常听、及时听取坏消息。同样地，如果能采纳与自己的针锋相对的观点，你的信誉也会随之增加。再强调一遍，倾听的方式很重要。我之所以这样说是因为我曾经以身试错，最终才找准正确的方向。很多时候我并不善于聆听，因为我的自尊阻碍我去聆听不同的观点，并思考可能出现的结果。在两个不同的例子中，我没有坦率地向投资者传达好消息和坏消息，这让我失去了宝贵的信誉——也几乎失去了我的公司。

当你拥有让人们卷入战争的能力时，沟通不良和选择性倾听就可能引起极其严重的后果。大多数人都很熟悉温斯顿·丘吉尔（Winston Churchill）在第二次世界大战中所展现出的非凡出众的领导力，但是在这之前，他其实曾经历过一次后果十分严重的失败。在这次失败后，他的妻子克莱门汀（Clementine Churchill）告诉记者，她担心她的丈夫会"悲痛而逝"，因为他得收拾自己的糟糕决定所导致的烂摊子。
当时，担任英国海军大臣（海军部长）的丘吉尔说服战时内
阁从加里波利的海岸线进攻土耳其。超过 100 万人战斗了将
近 9 个月，最终的结果是 50 万人的伤亡和大英帝国的惨败。

丘吉尔之所以会做出这样的决定，是因为这位伟大的演
说家不愿意同持有不同观点的人进行沟通（他也不愿意倾听
不同的意见）。他极其激进，一意孤行，不仅听不进去身边
人的劝谏，甚至当约翰·费希尔（John Fisher）海军上将告
诉他，这是一个"注定失败的计划"时，他也不肯相信。在
向战时内阁汇报时，他还故意歪曲了关键数据。对于那些不
赞成该进攻方案的反对者，丘吉尔采取了"非常"手段，比
如禁止一些持反对意见的人接近战时内阁的决策者。由于他
的傲慢且不愿意接纳异议和分歧，成千上万的英国、澳大利
亚、新西兰士兵最终葬送了生命。

数年之后，在第二次世界大战之中，彼时已是英国首相
的丘吉尔在组建战时内阁时，吸取了进攻加里波利时的教训。
像美国总统林肯一样，他选择接纳自己的对手，听取双方激
烈的讨论，确保沟通能够真正做到开放、坦率。丘吉尔首相
之所以被认为是伟大的领导者，是因为他取得了伟大的成就，

同时也因为他能从错误中汲取教训。纠正自己的错误、应对自己的缺点、承认自己的过失，对于人们树立信誉起着关键作用。如果你能很好地做到上述几条，那么人们会更加信任你；如果你做得不好，或是根本不去尝试，你可能会永远失去人们对你的信赖。

忠诚：让行为具有可预测性

在第二海豹突击队时，每逢周一早上，指挥总长（该队的高级士官）总会站在前门检查队员们的理发情况。严格来说，我的等级比他高，但他在海豹突击队的经验是我望尘莫及的——他在海豹突击队服役超过 15 年。那天他"建议"我去理发时，我听进去了。我刚剪完头发就去了他的办公室，让他看我的最新发型。他笑了，然后问道："先生，你知道为什么我每周一都要检查大家的发型吗？"我真的不知道答案，因此我开玩笑地答道："因为你喜欢《海军陆战队》（*Marines*），指挥队士官长（Master Chief）！"（海军陆战队员把头发剪得很短，两侧头发会剃光。）他没有笑，只说了一个词："惯性。"

这正是一个很简单的理由。理发和发型是一个人的名片。你的行为越有一贯性，你的可信度越高，因为人们能预见接下来的事情；而当你的行为缺乏一贯性时，人们就得花心思猜测你的意图。第二海豹突击队的队长并不仅仅是在检查我们的发型，同时也一直在检查我们的制服和设备箱；在我们动身去执行任务时，他也会对我们进行检查。对他而言，一贯性是一种习惯，而这不是短期内就能速成的。作为专业人士，他的所有行为都应该始终如一。

他对一贯性的态度使我产生了共鸣。这不足为奇——在海军学院接受训练的 4 年，我们一直在学习如何保持行为的一贯性，比如，如何始终保持端庄得体，如何始终保持房间干净（这点对我来说是很有难度的）……如果你的行为不稳定，其他人就不知道你是怎样的人。**行为缺乏一贯性会让其他人晕头转向。如果队员们想知道"接下来会发生什么"时，他们会花更多的时间来猜测领导者的行为，而不是花时间专注于对团队有利的行为。**我并不是说你应该穿制服，比如蓝色牛仔裤配运动鞋，或史蒂芬·乔布斯那样的黑色仿高领毛衣；

我也不是说你应该保持同一个发型超过 30 年（虽然这个发型对我来说一直挺合适的）；我指的是，言行举止的一贯性能够巩固队友对你的信任。

这样想一下：你说自己每周都会用电子邮件向队友发送最新消息，但是之后你却突然中止了，或突然觉得这一举措毫无意义，如果你因为太忙而连续两周忘记了发邮件，那么你觉得自己这样反复无常的行为会向队友传递什么信息呢？你传递出的信息是骄傲自大，而不是善始善终。你表达的是：你们就算不遵守承诺也没关系，因为你的团队领导者就是这样"以身作则"的。当周围的世界正分崩离析，而你却一筹莫展之际，最好的策略就是像往常一样，贯彻到底。我也有过束手无策的时候，但我始终都维护着行为的一贯性，并承担起了自己的责任。最重要的是，我继续保持与队友们的交流沟通。当然，在该保持一贯性的时候，我也有没有做到的情况。不过，最关键的还是你在尽自己最大努力来尝试保持一贯性。

在建立人际关系、保持联系方面，虽然人们都有自己的风格，但构成联系的基本要素都是相同的。不管如何运用身体的、心理的、情感的技巧与他人交往，沟通始终是建立信任关系、创造关怀环境、引领队员们效仿关怀行为的有力途径。从如何倾听到如何处理坏消息，其中的细节很重要。如果出现问题时，你总是大呼小叫，那么当其他人听到坏消息时，也会大声嚷嚷。更糟糕的是，因为担心你会大呼小叫，暴跳如雷，许多人可能根本不会冒险把坏消息透露给你。一旦出现这种情况，就会后患无穷。

其实，与队友们建立关系这件事本身就是有益的，因为人类本身就是在人们的相互联系中兴盛起来的。进一步而言，如果你想实现一个超视距的目标（over-the-horizon，我将其简化为 OTH），那么这一点就格外重要了。实现此类目标是最具挑战性的，因为这些目标是未知的，而我们的大脑不喜欢未知的东西。不过，具有不对称优势的团队恰恰是能够达成超视距目标的。当你打算冲向工作中的超视距目标时，你可以从 3 个 "C"（交流、信誉、忠实）中挑选一种自己在日常生活中能做到的行为。可能你已经在这样做了，但是请不要一次性尝试太多。请记住，与各种各样的人交往是不断试错的过程，而决定领导力大小的限制性因素在于，你与多少人建立起了人际关系。如果一开始每件事并不是尽善尽美的，也不要绝望，因为你的坚持及不断尝试会为你赢得信任。

第四章

实　现

树立"超视距目标"的5种行为

ACHIEVE

　　整个世界的变化速度越来越快，机会和不确定性之间成了一块硬币的正反面。这种情况下，团队目标的"超视距"的属性会越来越强。在经验的支撑作用越来越间接的情况下，团队所能凭借的只有自身的"10倍优势"。对于领导者而言，有5种行为可以让团队围绕目标牢牢地凝聚在一起，它们分别是：追求、设想、评估、确信、感激。

"关怀"循环

　　团队存在的理由只有一个：取得成就。许多人会把一个
小组、一个俱乐部、一群聚集的人，同一个全力实现目标的
团队混为一谈。其实，聚齐一群人只是实现目标的第一步（如
本书第二章所述）。接下来是建立各种人际联系（如本书第
三章所述），本章我们来到了第三步，即确定团队的方向。
某些时候，形成团队只是暂时之需——比如，为了救火，或
为了稳定急救室里病人的病情。在其他情况下，组成团队是
为了实现某个目标。为了完成这个目标，整个队伍可能需要
多年的不懈努力，比如制作电影的皮克斯动画师团队，实施
六西格玛计划（Six Sigma programs）的通用电气工程师团
队等。无论是危机四伏的环境，还是充满创造力的环境，抑
或富有生产力的环境，都会出现具有不对称优势的团队的身
影。具有不对称优势的团队会奋力实现目标，尽管结果并不
明朗——这样的超视距目标超出了团队的可视范围，并将团

队成员们推出了自己的舒适区。笼罩在超视距目标上的迷雾，时常会引发人们的自我怀疑。在我看来，追逐这种毫无把握的目标，就如同一个人尝试驾驶一艘小船横渡汪洋大海。你认为身高 180 厘米的人从平静的海平面上远眺，能看多远？我向世界各地的听众提出过这个问题，答案总是令他们感到惊讶。其实并不像人们想象的那么远：受地球曲率影响，人的视野范围会缩小，而即使忽略这种影响，人最远也只能看到 4.7 公里（不使用双筒望远镜）。

由于大脑渴望确定性，所以对于我们视线范围内的目标，我们的动力是最强的。然而，大多数具有不对称优势的团队所追寻的目标，往往超出了个人的视野范围。团队领导者的职责正是帮助成员们极目远眺，将目标更清晰地呈现在团队成员的眼前。同时领导者还需要找到方法，来突破现实和想象之间的障碍。我将团队领导者的行动称为 5A 行动：追求（Aspire）、设想（Assume）、评估（Assess）、确信（Assure）、感激（Appreciate）。总而言之，这 5 种行为构成了"关怀"循环的第二部分。我是这样定义这 5 种行为的：

追求：动员团队成员将目标清晰化

在队员们与团队目标之间构建联系，促使团队目标融入队员的个人生活之中。要给予队员们希望和理由，让他们相信，只要和衷共济，是能够实现目标的。当你组建队伍，与队员们建立情感联系时，"追求"的种子已经萌芽，但是"追求"需要不断被灌溉，反复强化。作为领导者，你的行动会激励队员们在前路渺茫之际继续砥砺前行。你无须成为丘吉尔那样的伟大演说家，但是你需要真诚地阐明，为什么团队目标值得信任。**请将目标拟人化：给它画一张脸，取个名字；请构想团队实现目标时的图景；请再了解一下在没有完成目标的情况下，队员们有何感想。请让队员们也一起来完成这幅图景。反复强调工作的意义所在，提醒工作将带来的后果，这样能够不断巩固队员们完成目标的决心。**

设想：给队员们足够的空间

　　为队员们提供空间与资源，给予他们信心，激励他们完成工作。不少领导者在进入该环节时往往会出错。他们总是会设想队员们不够好，技巧不够纯熟，注意力不够集中，不能信守承诺，意志不够坚定（总是可以找到其中一个理由）。有些领导者刚一开始就毁掉成功的机会，因为他们会在证据不足的情况下，就判定自己的队员会出差错。领导者们会设想，如果自己不坚持对队员们进行监督，那他们的工作一定缺乏创造力。有效监督并鼓励队员，与事必躬亲的微观监管泾渭分明，后者只会产生适得其反的效果。如果你无法想象队员们意图良好且技能娴熟，那么你的悲观预期往往会"自我实现"。如果你的行为越是频繁地透露出你不信任队员的信号，那么队员们也会越发怀疑自己的技能，怀疑是否取得了进步。让队员们自由地解决眼前的任务，即使这会让你觉得别扭、不舒服，你也必须这样做。不过，如果你遵循了本书第三章中关于"联系"的步骤，那么这种不舒服的感觉就会减弱很多，因为你已经同队员们建立了初步的信任关系。**在为目标而努力的起始阶段，你应该给队员们足够的空间，这**

对于同他们建立更深层次的信任关系有着重大意义。反过来说，要想成功建立深层次信任关系，你就需要允许队员们自主把握解决问题的方法。

评估：重点应当是整个团队的进步

在对团队进展进行评估时，领导者可能会落入另一个陷阱。请允许我在这里强调一下"团队"这个词，因为这才是评估队员工作质量的正确单位。评估的重点应当是整个团队的进步，并且应该将整个团队所取得的成果归结为每位队员的努力。**团队成果应该被置于"餐桌转盘"的中心，因为转盘一直旋转着，所有参与者不管从哪个角度看，这份成果都是不偏不倚的。**然而，如果你评估的仅仅是个人的贡献与进步，那就有可能引发恐慌并使得不信任感到处蔓延。这会湮没队员们的创造力、坦率和真正的进步，而你的评估其实正是以促进这三点为目标的。

确信：每一个人的工作都是至关重要的

　　对队员们目标、进步、看法予以肯定和鼓励，帮助团队成员克服恐惧和疑虑。如果一支团队接受了超视距目标，就需要有人不断提醒队员们：过程本来就会很艰难，没有关系；觉得不安和害怕也是正常的；就算有人失败了，寻求帮助也不是什么丢人的事。无论如何，你都要坚持前行。稳定人心，打消疑虑的过程是永无止境的。**作为领导者，你的职责是倾听队员们的疑虑和担忧，并帮助他们以积极的方式化解这些疑虑与担忧，将压力化为动力。**团队领导者必须不断使队员们确信：他们的努力对于实现团队目标至关重要。从看门人成长为初级经理……直到成为全能巨星，在这整个过程中，所有队员们都必须坚信，自己的工作很重要，整个团队因为自己的努力才得以前行。

感激：构建属于团队自己的文化

和"关怀"循环圈中以"A"字开头的其他特质一样，表达感激之情不应只图一时新鲜，而应该是一种持久的行为。请将感激和确信当作"游泳伙伴"——二者齐头并进，同时执行。如果你希望队员们确信他们手中的工作十分重要，或你希望他们确信自己能够完成某项工作，那么请你记得告诉他们，你很感激这么久以来他们所付出的努力。你表达感激之情的方式、时机以及具体内容，关系到你能否对他们产生持久有力的影响。**比如，在管理公司时，我借鉴了海豹突击队的另一项传统。我们安装了一个大铜钟，任何人都可以敲响铜钟，要么是宣布一项成就，要么是对某人为实现目标所做出的贡献表示感谢。按一般情况而言，如果中途没有去别的团队，那么你可能会在目标达成时敲一次钟；然而，如果按照海豹突击队的方式，你可以敲3次钟。**请不要害怕建立自己的一套规矩，也无须照搬海豹突击队的传统，请放心地将感激的行为融入你的团队文化之中。

请记住，这本书的主旨是建立具有不对称优势的团队。

我们组建这种团队可不是为了一些唾手可得的目标，比如所谓的 SMART 目标——具体原则（S）、可度量原则 (M)、可实现原则 (A)、现实性原则 (R)、时限性原则 (T)。我所说的革新型目标与 SMART 目标并不相同。想实现革新型目标，团队中的每个人都必须调整到最佳状态，而不是仅仅依靠几位拔尖的队员。只要确定了行动过程，充分理解了目标的意义，就足以实现 SMART 目标；然而，如果想实现那些遥不可及的目标，就需要一支由 5A 行动驱动的队伍。

一些极端的超视距目标包括：建造巴拿马运河、曼哈顿计划、"在 10 年内将人类送上月球"的承诺。说出大胆的想法其实一点不难，但除非领导者能给出令人信服的理由，否则即使是再崇高的愿景，也终究不过是海市蜃楼，实现超视距目标并非能一蹴而就的。这一过程可能会耗费数年无休无止的努力，不断遭遇失败和挫折，还要对抗最顽固的敌人：质疑。团队领导者的第一要务就是让团队成员坚持为目标奋斗，同时不断强调团队势必成功的理由。

60 多年前，人类第一颗人造地球卫星的成功发射，激发了两个国家探索太空的竞赛。1960 年，约翰·肯尼迪（John Kennedy）以微弱优势险胜理查德·尼克松（Richard

Nixon），成为美国历史上最年轻的总统。当时，美国经过数十年战争，已经变得四分五裂了。肯尼迪认为，树立一个共同的目标可以让这个破碎的国家再度团结起来。于是，他希望找到一个全体美国人都渴望实现的超视距目标，以实现团结的目的。

1961 年 5 月 25 日，在就职 4 个月后的国会讲话中，肯尼迪为美国设定了一项挑战："10 年以内，将人类送上月球。"当时美国还在试图弄清楚如何将卫星发射上月球，而在 10 年内将人类送上月球绝对是一个超视距目标——既无明确具体的方法，也无相似的经验可供借鉴。在人类能够真正在月球上迈出一小步之前，首先还得解决一系列的挑战。要想完成远大的登月理想，团队先得实现一连串的超视距目标，比如：

·建立全球范围内的卫星通信基础设施，实现语音通信和视频通信。除了需要同宇航员进行交流的通信设备，还需要让美国人民了解登月的实况。如果登月成功后，美国人民既无法看见宇航员在月球上行走，也无法收听登月后的情况，那么整个登月活动的意义就要大打折扣了。

·建立一个独立的卫星系统，进行全球范围内的天气观测，便于确定发射航天器和召回航天器的时间和地点。

· 设计出能够发射载人航天器的火箭助推器和燃料，并对其进行测试和改进。

· 建造一艘登月飞船。

· 实施无人空间探索预备工作。

上述的每一个目标都是超视距目标，而完成登月任务前，还有更多的超视距目标。正如肯尼迪所愿，将人类送上月球是每一位美国人民共同努力的结果。

"我相信在这一个 10 年结束之前，美国应该始终致力于实现这一目标：让人类登上月球，并让他们安全地返回地球……毫无疑问，如果我们坚定信念，那么并非只是一个人，而是整个国家登月成功——因为必须通过整个国家的共同努力，才能将这一个人送上月球。"

美国国家航空航天局（NASA）的领导人迅速意识到，未来 10 年内，只有最准确的预测、最极致的反复试错、数不胜数的航向修正才能实现这一超视距目标。在美国国家航空航天局团队全力实现这一目标的过程中，他们经常会学习新知识，或开发新技术，而这些知识和技术有助于转变人们的思路，从而进一步促使他们改变实现目标的行动方案——这正是一支具有不对称优势的团队的运转模式。在确定解决方案之前，这样的团队会从多个角度来探讨一个问题。团队明白，在探索未知的领域时，所有人都应该各就各位，听候命令。不让每位队员单打独斗，集合众力共同寻求解决方案，这正是具备不对称优势的团队处事的核心原则。这样的团队不会依靠某一个人来解决问题，相反，每位成员都会贡献自己的力量，且不考虑个人荣誉。这样无私的态度并非魔法，"关怀"循环显然在其中发挥了十分重要的作用。

　　肯尼迪总统很清楚，实现超视距目标需要运用非传统方法，由一名非凡的领导者来制定行动计划，并为每天的日常工作定下基调。他委任詹姆斯·韦伯（James Web）来领导这个项目，韦伯不仅是一名政府官员，同时也是一名商业主管，既了解华盛顿的运作方式，也熟悉美国国防承包商。尽管韦伯不是科学家，对空间和火箭几乎一无所知，但他十分清楚如何建立一支团队去实现那些看似无法实现的目标。1961~1968年，在韦伯领导美国国家航空航天局期间，其队伍壮大到3.5万名员工和超过40万名承包商。韦伯认为美国国家航空航天局的科学家们是最强大的主力军，同时他也召集全美各地的大学共同参与其中，让它们也为这项浩大的工程贡献力量。

韦伯借用肯尼迪鼓舞人心的口号，统一了这个由不同领域的人员构成的登月团队，其中每位队员都所向披靡。**当时流传着一则轶事，肯尼迪在 1962 年参观刚刚建成的美国国家航空航天局太空中心时，停下来同一名正在扫地的看门人聊天，他问道："你好，我是约翰·肯尼迪，你在干吗？"看门人回答道："噢，总统先生，我正在帮忙把一个地球人送上月球。"**

你的行为感召越是生动广泛，你与队友们之间的心灵联系和思想联系就越深刻。在执行每项任务之前，如果每个人都能明确其背后的意义，那么人们内心就会激发出渴望实现目标的能量。当然，其中有些目标总会比其他目标更吸引人。

尽管这样，在工作时和社区中，人们还是会面临一些意义并不明确的超视距目标。毋庸置疑，遇到这种情况时，你总是会时不时地感到恐惧。虽然每个人都有一套对抗恐惧的方法，但如果你能给出越多让队友们坚持下去的理由，就越能够为他们加油打气，从而鼓励他们勇敢地面对自己的恐惧，继续前行。

当我们面对未知情况时，恐惧会使我们的大脑一片空白。幸好，5A 行动能够帮助你克服恐惧。具有不对称优势的团队会逐渐形成这样的认知：就算我们对未知充满恐惧，整个团队

也可以共同面对这一恐惧。树立振奋人心的目标，设想你的团队就是最优秀的，称赞整支团队的进步而不将失误与偶尔的失败归咎于个人，使队员们确信他们有能力承担那些前所未闻的任务。最后，对队员们一直以来的奉献和所取得的进步表示感激与欣赏。这样一来，你就为队友们营造了一种有利于激发其最大潜能的良好环境。

在实现目标的过程中，运用这样的方法有助于培养一些习惯，形成一套固定模式。当团队陷入迷惘、看不清形势时，这样的习惯和模式不仅有助于团队聚焦，更快地抓住重点，还能让一些原本无法想象的目标成为可能。

在海豹突击队时，我有很多的机会来验证上述想法的可行性。后来，当我做起健身器材的生意时，我仍然体会到了 5A 行为的价值。8 年多来，我的公司一直维系着与沃尔玛的关系，它是我们最大的零售商。沃尔玛曾经给我们出了个难题，要求我们以更低的价格生产出优质的产品。只有这样，"顾客的生活品质才能有所提升"——这也是沃尔玛的宣传标语。

我们公司在同沃尔玛合作过程中，遭遇了数个超视距目标。在讲述相关过程之前，请允许我先介绍一下背景信息。直接反应 (Direct Response) 产业的一大特征就在于，许多公司都会通过电视机（以及互联网）直接向顾客推销产品。直接反应产业是一种高风险同时也是高回报的商业模式，如今其产业规模已经达到数十亿美元，该行业会在各供应中心周围设立直销网点。其所涉及的产业种类很丰富，从制造业到呼叫中心，从媒体购物再到电商，等等。大多数采用直接反应模式的公司其业务都是很多元化的，因为它们会同时销售各种各样的产品。销售不同类型的产品是分散风险的良策。一家公司除了经营家居产品（比如拖把和窗户清洁剂），可能会同时销售美妆产品（比如护肤品、祛皱用品）和健身产品。这是一种较为成熟的经营策略，并且大多数零售商会专门设立门店来销售这些产品。这些零售商销售"电视购物产品"的部门有专门的采购人员负责监视店内货架上价值较高的产品的销售情况，特别是那些摆在前排货架的产品。尽管我们公司是通过直接反应的营销方式推出"完美俯卧撑"辅助器（Perfect Pushup）的，但我们从不曾（现在也不会）认为我们的产品线属于"电视购物产品"类型。

"完美俯卧撑"辅助器的专题广告片在消费者中引起了轰动，同时也引起了沃尔玛的"电视购物产品"部门采购人员的注意。当时，我们还只是一家规模极小的公司，一共就只有 5 名员工，销售额不到 100 万美元。我们聘请了外部的销售代表，帮助我们入驻各大主要零售商店。我们成功地同迪克斯（Dick's）、运动权威（Sports Authority）、Big5 等体育用品零售品牌合力推出了多种零售项目。当时我们忙得不可开交，并没有想到要在沃尔玛销售我们的产品，直到我们接到沃尔玛公司首席销售代表雷（Ray）的电话。

他对我们说道："我有一个好消息和一个很坏的消息。你们想先听哪个？"

我选择了后者。

"沃尔玛将要推出一款产品和你们同台竞争，价格要比你们的广告片中的售价低一半。"他暂停了一会儿，好让我接受这个坏消息，接着继续解释道，"这意味着你们已经失去了大众零售的基础，也意味着接下来你们必须降低产品价格，甚至可能只能在当前零售合作伙伴的货架上出售这些产品了。"我们的电视广告活动连 6 个月都不到，就有一个精明的竞争对手要与我们正面交锋，不仅产品名字相近，价格还比我们的便宜一半。我反复咀嚼着他的话，好一会儿才问道："那好消息呢？"

他笑了笑，继续说道："沃尔玛其实更喜欢你们这个品牌，如果你们能生产出一批新的辅助器，价格是现在的一半，那他们就会买你们的这款辅助器。"他再次笑了起来，补充了一个出人意料的条件，"哦，对了，你们必须在 90 天内将这款新产品交付给沃尔玛的 44 个配送中心。"

我们的第一代辅助器是由加利福尼亚州的顶级设计师史蒂文·豪瑟（Steven Hauser）花了足足 90 天设计出来的，这位设计师是美国工业设计师协会的 50 名研究员之一。只有当我们知道确切规格后，设计师才完成辅助器的设计。产品是在中国制造的，单单是完成测试后雕刻塑料部件的钢模就需要花上 45 天。接下来还需要时间批量生产，需要时间跨越太平洋用船将产品运回美国——这还没算上通过美国海关、用卡车将这些器材配送到沃尔玛的 44 个仓库的时间。最理想的情况下也需要 6 个月的时间——前提是你确切地知道生产的是什么，同时产品制造商为你专门提供了一条产品生产线。雷肯定明白所有的现实情况，这也是为什么他会在传达这个所谓的好消息时笑了起来。他觉得自己已经得到了答复：绝无可能。

然而……我们并没有附和他笑起来。我反问他："我们还剩多长时间向沃尔玛方面解释我们的计划？"雷大吃一惊。

"奥尔登，你肯定是在开玩笑——你不可能那么快就制造出产品，就算是大公司也做不到。你没有这么大马力的供应链来完成生产，沃尔玛都做不到。"

然而，我仍然坚持："雷，我们还剩多长时间？"

"24 个小时。"他断然说道。

挂掉电话的下一秒，我的小团队就开始超负荷运转。公司的联合创始人兼运营主管马克（Mark）打电话给制造商，看看对方是否愿意为我们提供一条专门的生产线，以加快生产速度。首席财务官安德鲁（Andrew）打电话联系了银行，开始准备延长公司的信贷时间。我负责联系设计师，当时他已向我们宣布，在完成第一代 "完美俯卧撑" 辅助器后他就退休。如果我们力图实现这个超视距目标，就必须多管齐下，得到这三方的签字同意。正如每一支具有不对称优势的团队一样，我们不仅需要建立牢不可破的内部关系，同时还需要与外部的合作伙伴在各方面建立起稳固的关系。幸好，我们如愿以偿地得到了三方的签字同意——制作商的、贷款银行的、设计师的。各部门负责人都忍不住嘴上嚷嚷着："你们最好明天到我的办公室来，我这边还有工作要忙。"

在雷打来电话后，只用了不到 60 天的时间，我们就开始生产新产品了；在第 90 天，沃尔玛的货架上摆上了我们的"基础款完美俯卧撑"辅助器（Perfect Pushup Basic）。

只用了不到 6 个月，我们的"90 天奇迹"产品的销量仅在沃尔玛就突破了百万件。顺利实现这一超视距目标需要完成各种所向披靡的壮举，而我们成功的关键尤其在于坚持执行"关怀"循环。

我们的团队是在极端条件下取得了这一成绩的。当时，我们眼前一片漆黑，对于视线之外的危险水域一无所知，但是我们已经建立起了坚实的基础，我们信任彼此，关爱彼此，遵守对彼此的承诺。共同的追求使得我们屏蔽了杂音，直面恐惧和自我怀疑，避免掉入这两大陷阱而无法自拔，在"凶多吉少"的情况下快速积累了经验。无论你是追捕犯罪分子，推出必须成功的产品，还是治疗患有致命疾病的孩子，一旦你决定要追求超视距目标，"凶多吉少"的风险会进一步增加。

《希波克拉底誓言》中有一句话："首要之务是杜绝伤害。"希波克拉底提醒医护人员重视医疗行为的潜在后果，希望医护人员能够承担起这份独一无二的责任，同时严肃看待这项极其特殊的权力。如今，这句话被用来应对"可预防伤害"，它现在依然是致死的罪魁祸首之一。诊断错误、药物治疗失当、行政错误、现场感染……这一系列问题使得"可预防伤害"依然是人类的顶级杀手。由于卫生保健的复杂性，解决"可预防伤害"这一难题非常具有挑战性。仅仅因为某一位医生、某一套程序，或某一个部门最终导致了伤害的发生，这种情况其实是很少见的。比如，行政错误占初级医疗保健错误的半数，而医疗感染占比为 14%。与"可预防伤害"相关的成本是惊人的，据估计，全世界 15% 的医疗支出用于治疗"可预防伤害"。在美国，仅仅在"用药错误"这一项的治疗花费就高达 400 亿美元。具有讽刺意味的是，大多数医护人员都很清楚如何避免单个病例出现"可预防伤害"，但当我们试着将治疗方案推及整个医院的各个部门时，问题就出现了。波士顿儿童医院（BCH）的管理人员发现，如果每个人都团结起来，就能找到解决"可预防伤害"的方法。

不管怎么看，波士顿儿童医院在这方面取得的成就都是惊人的。在《美国新闻与世界报道》（*US News & World Report*）的排名中，波士顿儿童医院连续 18 年名列前十；近 5 年来，这家医院一直排名第一。医院的员工们是被施加了什么魔法？一直以来，他们用了什么方法才打造出了具有不对称优势的团队，进而成为行业第一名呢？于是我拜访了这家医院，并亲自感受到了他们将"可预防伤害"降低至零的使命感和强烈愿望。这是一个非同凡响的超视距目标，需要从医生到门卫的每个人都付出努力。以下是对他们的方法的概述：

· 所有人时刻各就各位。虽然他们不会明确喊出上述口号，但这是他们关注的重点——让每个人、每位员工都承担起实现目标的责任与义务。

· 医院会进行"高信赖度训练"，这一训练需要相互信任，跟踪报道以及持续改进。

· 报告自己的错误。

· 所有部门的人员每天都会参与安全简报会。

· 对超过 1.4 万名员工和领导者进行预防错误的训练。

波士顿儿童医院之所以能够实现自己的目标，这些措施起到了关键作用。不过，或许其最为重要的措施是扩大"可预防伤害"的定义——不再局限于防止对病人造成"可预防伤害"，同时也要防止对医院的员工造成不必要的伤害。通过关注和持续总结如何减少对员工的"可预防伤害"，波士顿儿童医院为"给予关怀"的医护人员和"接受关怀"的病人们同时营造了一个充满关爱的环境。"要避免对员工们造成可预防伤害",由于医院将员工的安全也纳入超视距目标的范围,所以员工们会更加愿意为这一目标而努力,进而减少了人性中的自负因素所带来的干扰。波士顿儿童医院营造了一种鼓励员工"主动报告错误,不断通过学习提升自我"的企业文化,这样能够确保不违背员工们原本的好意,帮助他们切实减少"可预防伤害"。主动承认错误并非常态,不少组织机构还没有自然而然地形成这样的文化氛围。

波士顿医院则刚好相反,正是凭借这个信条,这家医院才做到了所向披靡。医院不仅鼓励员工主动承认错误,甚至会对此进行奖励。员工们会接受定期培训和专业进修,从而进一步降低犯错误的可能性。如此一来,医院对病人和员工就展现了同等的关怀。如果你能每周抽出5天时间来举行全员会议,并且围绕"可预防伤害",在每位员工身上花费至少数百万美元的培训费用,那么你将不仅仅是在同个人建立人际关系,同时也是在培养他们的技能,促使他们实现远大的目标。尽管波士顿儿童医院目前还未完全消除"可预防伤害",但是医院所做的努力正使得这类伤害的数量锐减。

波士顿儿童医院的例子说明,单凭某一个团队、某一个部门、某一家公司是难以取得成就的。并且,对于任何一支志存高远的队伍来说，害怕"未知"都是不争的现实，是不可避免的。事实上，最优秀的领导者会帮助队员们在团队目标中找到个人意义，会设想自己的团队具备成功所需的一切条件（领导者还会在必要时提供团队缺失的要素），会在团队取得进步（或是偏离轨道）时，提供建设性的评估结果和反馈意见，也会对成员们的贡献表示重视和感激，从而化解恐惧，将压力转化为动力。当你达到"实现"这一点的要求时，你即将开始培养具有不对称优势的队伍所必备的下一个特质：尊重。

第五章

尊　重

不安全感会腐蚀团队的凝聚力

RESPECT

　　人们感受到威胁时,本能的反应就是躲和逃。因此,如果领导者真想彻底激发团队的创造力,那么就必须让团队成员感到绝对安全。只有如此,团队成员才敢于无保留地贡献自己的聪明才智。塑造安全感的前提就是尊重。

"关怀"循环

　　"米尔斯中尉，这款相机可比政府支付给你的年薪还贵，小心别摔地上了，听到了吗？"斯通斯上校（Colonel Stones，这不是他的本名）确实没有开玩笑。上校打开一个黑色盒子，拿出一个看起来普通的 35 毫米胶卷相机，将镜头对准我，然后说："说茄——子。"我自顾自地玩着，在他按下快门时勉强挤出一个笑容。接着，他把相机反过来对着我，按下一个键，液晶显示屏上就出现了我的照片。我凑近了一点，难以置信地看着屏幕上像魔法一样显示出来的照片。他注意到我脸上的惊讶表情："这是第一代数码相机，我挑选出来的队伍在下一次执行任务时就能派上用场了。"在我思考着他最后一句话时，他又继续说道："在我们抓住这个'垃圾'之前，将军要把他的眼白都拍得一清二楚。不管哪个团队有多天衣无缝的计划，首先都要带上这个价值 3.4 万美元的相机，还要进行一次野营。"那次"野营"的目的地在波斯尼亚的山区，目标是捕获一名叫作"死神医生（Doctor Death）"的战犯。

1997 年，我被派往波斯尼亚，当时海豹部队的领导者正在同其他的特种兵部队进行任务竞争。在这种情况下，我们被派去追捕"死神医生"。当时的高级陆军军官是斯通斯上校，是我曾经在萨拉热窝的上司，我得向他述职。有好几次，他公开表达了对海豹突击队这样的"水上"部队的争议，认为"水上"部队正在争夺"陆军基地"的任务。斯通斯上校的职业生涯都是在陆军特种作战部队中度过的，他既是突击队员也是绿色贝雷帽的队员。他抱有一种先入为主的观念，认为海豹突击队属于水上作战部队，而陆军部队属于陆地作战部队。像上校这样偏向陆军部队的态度，对于所有海豹突击队的指挥员而言，都是一种长期的挑战。我们需要不停地向陆军伙伴们证明我们的陆基技能，而且还要接受他们的指挥。海军海豹突击队、绿色贝雷帽、陆军游骑兵、三角洲部队以及许多其他特种部队都得向特种作战司令部做汇报，而陆军将领负责特种作战司令部的时间是最长的。我之所以指出这一点，是因为陆军士兵喜欢同陆军士兵一起工作并不奇怪。同有相同训练经历、相似的思维方式和行动方式的人一起工作，会带给人一种舒适的感觉。商界亦是如此。人们会觉得同经过相似的思维训练和行动训练的人一起工作比较自在。

　　不过，亲爱的斯通斯上校并不是普通的陆军军官，他对竞争持开放态度。当我们驻扎在萨拉热窝时，他秉持这样的态度，认真观察了我的小队和我的领导风格。每天早上他都会举行简报会，与会人员包括来自美国和欧洲的军事专家。斯通斯上校曾经监督波斯尼亚联合卫队（Operation Joint Guard）的特种作战任务，在这个过程中，他得应对代表法国的、德国的、荷兰的各种民族脾性和军事思维，以及他负责的分别代表陆军、空军、海军陆战队的各种美式做派，这其中还包括一支海军海豹突击小队——我的"旅馆小队"（Hotel Platoon）。每天简报会结束之前，他都会给每个小组的与会者发布公告的机会。我每天也要发布同样的公告。我主动邀请房间里的每位与会者和他们的直接下属，加入我们小队的日常训练课程。起初大家对此嗤之以鼻："为什么我会想和海豹突击队的人一起训练？"因此，我运用了更柔和的方法，使其具有更强的包容性，最终我说服了一些行政官员来参加我们小队的日常训练。海豹小队的队员们成了准教练，帮助其他新人完成引体向上和俯卧撑的训练。我在萨拉热窝运用的团队建设方法，有别于那些复杂精细的"十点策略"，这种策略是用于建设更高端的团队文化的。我的初衷很简单，希望有更多人能一起加入我们的锻炼队伍。我们在海豹突击队时的口号就是："一支并肩作战、相互依靠的小队。"我们只是将这个口号进一步拓展，运用到斯通斯上校的队伍中。

我们就处于战区中心，竭尽全力维持岌岌可危的和平状态。每天有部分时间我们会用来帮助其他人提高身体素质。我的海豹小队有 8 名队员，他们降级睡在一个 6 米长的旧集装箱里（啊，那里面的味道简直了——没有比那更糟糕的了）。大院周围有 10 米高的狙击防水布，大门外则有许多雷区，因此我们的锻炼区域仅限于一个临时的单杠、一些木箱和总部前面的环形泥路。随着我们锻炼队伍的不断壮大，上校尊重我们的意愿，让我们同其他不由他指挥的队伍一起训练，大家也在这个过程中建立起友情。到了挑选追捕"死神医生"的队伍时，斯通斯上校建议我们海豹小队做好完成这一任务的准备。

上校给了我的海豹小队 48 个小时，让我们带着数码相机和其他能在深山老林里下载文件、传输文件的设备去进行实验。你想的没错，第一代数码相机（这是 1997 年）能存储大约 2 兆图片，这些图片需要通过天线下载到笔记本电脑（当时安装的是东芝 Portégé 系列产品的驱动程序）。这台电子传输装置没有一个部分是"坚固耐用"的，也就是说它不防水、不防震、不防灰尘，每个组件都需要配备特定的电池。保护设备是一回事，确保携带了够用的电池又完全另说了。萨拉热窝既没有百思店，也没有亚马逊配送中心，甚至连联邦快递站都没有，因此我们觉得需要大概40块东芝手提计算机的电池才能完成这次的任务。然而，我们只有两块电池。我们捣鼓了这个设备好几个小时，终于意识到这项任务的挑战在于想法给这些电子设备充电。于是，我们的小队分成了两拨，进行头脑风暴思考如何克服这项阻碍。一位绰号"萨利"（Sully）的队友，申请直接摧毁一块称为万用表的电子测量设备。虽然没有另外38块东芝电池，但我们却有很多代号"5590"的一种美国军用标准无线电电池，这些电池实际上用来为各种变体的军用无线电提供电力，而指挥所里有几百块这样的电池。当我们坐在"集装箱公寓"里的双层床上七嘴八舌地讨论各种想法时，萨利静静地等待着，一言不发。直到我们讨论完毕，他才说出自己的想法。萨利从万用表上拆下了电线，将它们重新接到笔记本计算机的电池引线上，他还制作了可以与标准军用电池的母连接器配对的公接头。关键在于，他的"弗兰肯斯坦"系统真的奏效了！

接下来的24个小时，我们用来规划任务的各方面细节，从如何进出观察地点到如何操作监控系统。大家集思广益，提前设想好所有可能出错的环节（以及相应环节的紧急应对措施）。一天后，当我们准备向斯通斯上校汇报自己的计划时，他的第一个问题不是我们会如何给自己设定定位，而是直击要害："你们这群小男孩准备怎么解决电池的问题？"我简明精要地回答了他，萨利则向上校展示了他的创新发明。斯通斯笑了起来，要求我们做一个任务简报，接着他花了一个小时左右详细地询问了计划的各个细节，最后将任务派给了我们。当我们离开时，我问他其他团队是如何解决电池问题的。他做了个鬼脸，并说道："他们把部队召回北卡罗来纳州，让小伙子们买下所有能找到的电池，然后让每周一次的补给航班将电池运到这里来。"

尽管当时我们还没有完成任务，但我们向上校证明了我们的团队执行力。在计划的过程中，每位队员的意见都得到了尊重。所有人都全力以赴，倾听彼此的意见，了解彼此关注的重点，使得我们的计划更明确周详。这样一来，不仅我们的计划变得更加完善了，每个人也都成了任务的主宰者。大家都在制定计划的过程中发挥了作用，即使那些不参与执行任务的人也积极参与了整个计划（我们计划几个队伍轮流值班，具体哪个队伍执行任务取决于找到"死神医生"的时间）。我们中不少人"捐赠"了自己的装备来保护电子设备，其实是割开自己的潜水服和干燥包，用作相机和笔记本电脑的保护层。所有人都拼尽了全力。

现在请让我们快进 10 年，镜头从斯通斯上校切换到沃尔玛的买家，特种作战部队之间的竞争，转换为生产同类产品的公司之间的竞争，海豹突击队的游泳伙伴相当于"完美健身"的员工伙伴们。你会发现这几点之间存在许多相似性。当然，两种情境中最糟糕的状况有所区别——就算我们谈不成沃尔玛的这笔生意，也不会有人受伤或被杀——但二者的最终结果都充满了未知风险。成功与否都取决于许多人的行动。当初斯通斯上校决定给我们机会，让我们的小队去执行任务，与沃尔玛买家的故事有着相当的异曲同工的地方（具体请见第 4 章）。沃尔玛买家愿意给我们这个"完美俯卧撑"辅助器的团队一个机会，让我们以更低的价格生产一个新版本的辅助器。鉴于我们能与斯通斯上校部下友好相处，我们赢得了上校的尊重；沃尔玛买家也尊重我们作为首家面对市场生产这种产品的公司，同时也对我们能理解它的处境而表示尊敬——我们明白，沃尔玛需要价格更低的产品才能成功开设分店。**通过这两个队伍，我们能够逐渐认清这样一个现实：我们需要重设期待值，摒弃先入为主的观念，这样才能实现更**

远大的目标。如果只是海豹小队的人抱团单独训练，训练不就轻松多了，速度也快多了？何必又邀请其他人加入我们的训练队伍？况且他们中很多人体格相当差。当然不是。尽管训练花费的时间是平时的两倍，但最后许多队友能够在当天晚些时候将训练再重复一遍。在沃尔玛事件中同样如此，我们的团队确实花了很长时间进行讨论，讨论的过程也不轻松，内容主要是针对"淘汰"第一代产品，专门为沃尔玛这个大型零售商打造一款新产品有哪些好处。看似离谱的时间期限、快速设计的风险、低利润零售仅仅是这个艰难抉择的冰山一角。不过，我们尊重沃尔玛所代表的消费人群，尽管他们可能无法负担 40 美元的俯卧撑设备，但他们仍然想在可接受范围内购买到优质的健身产品。对于我们这家小小的公司来说，这是一个生死攸关的决定，是一个"赌上一切"的决定，我们必须全力以赴来生产出这样一款产品。一旦下定决心继续前行，我们将持续不断地付出努力，设法让沃尔玛成为我们长期的合作伙伴。要想做到这一点，就必须赢得沃尔玛方的信任与尊重。

你也会看到其他很有活力的团队的例子，他们对顾客和团体成员都展现出了关怀之心。一个团队在公共场合的行事方式是团队成员私下相处方式的直接反映。如果你希望你的团队关

怀顾客，那么你应该向队员们展示应该如何关心彼此。这样会为他们树立榜样，让他们在相处的过程中延续这样的行为。听起来很容易做到，对吧？即便如此，我还是没法告诉你，我曾经有多少次撞见某些领导者假装关心，他们只有在一些重要的场合才会披上魅力与真诚的外衣。对于团队领导者而言，种瓜得瓜，种豆得豆——你的队员们会效仿你的所作所为。

无论是团队内部之间相互尊重，还是为整个团队赢得尊重，这些都是必须的。赢得尊重本身就是正确的做法，而且尊重也会影响团队绩效、影响团队从他人获取资源和预见性信息的能力。"尊重"一词是动词，但并非被动语态。要想显示出团队的技巧和能力，阐明团队将如何促成他人的成功，请务必在团队内部和外部都表示出对他人的尊重。**作为团队建设者，你的工作是带头凸显其他人的技能，并向大家说明这些技能对团队起着何种作用。请记住，人生来就是自私的。我们首先是向内思考的，然后才是向外思考的。你对一个人能力的尊重，是在向其他不曾注意到的队友宣传这个人的优势。**

当你承认他人的优点时，其他队员也会学着敞开胸襟，开阔视野，开放思想来正视他人身上的优点，这是一个互利互惠的过程。

当团队面对压力时，相互尊重会成为强劲的黏合剂。感受到尊重的人的自信心会增强，更加勇于表达自己的观点；他们不会浪费时间思考怎样才能让自己看起来不会显得愚蠢，而是将全部精力集中到思考如何运用自己的能力，以帮助团队渡过难关。简而言之，尊重会进一步提升贡献的水平。在你营造出相互尊重的氛围的同时，你也在消除被忽视、被羞辱、被伤害的恐惧。正如在本书第一章中所提到的，如果从等式中消除自我和恐惧两个要素，可能使队员们承认自己的错误，并迈出学习和成长的必要一步。

示范效应：恐惧是最差劲的领导力替身

尊重的三个要素为 3 个 R：实践、认可、需要（Realize，Recognize，Require）。在你建立起信任关系并树立了目标的情况下，通过以上行动而建立的尊重环境会与之交织在一起，从而搭建起一个利于培养有能力队员的平台。我是这样定义"尊重"的 3 个 R 的：

　　·实践：尊重源于两种情况，一是因为你的权威，一是因为你的行为；因后者而获得的尊重更有价值也更持久。

　　·认可：尊重源于成就。作为团队建设者，你的职责就是承认并发掘出每位队员的超能力。

　　·需要：尊重并非可有可无，而是必要的，尊重的行为需要被传递，也需要在彼此之间表现出来。

　　作为团队领导者，除了为团队设定目标方向，就团队的进展进行交流之外，你最原始的职责就是发掘出队员们身上能够确保团队取得成功的技巧和能力。也许你的团队十分值得信任，但如果团队成员们尚且不具备完成手头工作的能力和技巧，那么成功就难以企及。在招聘新人到留住人才的过程中，尊重队员对团队做出的贡献，对于维持团队的团结统一起着十分重要的作用。作为团队领导者所拥有的权力意味着一个良好的开端，然而，如果你的行为不利于构建一个互相尊敬的环境，你就无法指望创建一支具有不对称优势的队伍。**很不幸，许多领导人都习惯躲在权威的背后，将维护威严**

作为不遵守承诺的借口。更糟糕的是，有些领导者十分缺乏安全感，或过分骄傲，当其他能力更强的人出现时，他们会觉得自己的地位受到了威胁，因此会想方设法地将那些非常优秀的人才排挤出自己的队伍。结果呢？一大群人围绕着一个软弱无能又惶惶不安的领导者，这样的领导者只会倚仗着自己的地位，从队员身上博取自己一厢情愿的尊敬，这样的情形时常在濒临破产的公司和陷入困局的国家中上演。恐惧是一种差劲的，甚至危险的领导力替代品。

请想象一下，如果一位领导者能够在公开场合认可其他人的贡献，这将会是怎样的场景呢？

队员们会渴望做出更多贡献。尽管人类的天性可能是自私的，但同时也有一种天性驱使着我们，为了某个超越个人目标和个人利益的理由而努力。最优秀团队的成员会逐渐形成这样的认识：如果身边都是一群持有不同观点，有着不同阶层经历的人，那么将不再是自己独自一人卓尔不群。队员们会逐渐意识到彼此相互依赖，整个团队在相互尊重的基础上蓬勃发展。作为海豹突击队的队员，我曾体验过这种共同的目标感，同时也有过领导社区行动小组，让一项价值 3000 万美元的学校债券措施获得批准的经历。

培育激情：受尊重和敬业之间存在极强关联

2014 年 8 月下旬的一个星期天下午，我和妻子两人单独待在一起，我们家的 4 个男孩子当时正在街上的朋友家玩耍。我和妻子很少有机会单独待在一起；就算有，我们两个人通常也是做些无聊的事情，比如看报纸，或是观看电视上的体育赛事。不过这一次，报纸上的新闻引起了我们的注意。正当我们开始全神贯注地阅读这张周日报纸时，门铃响了。一般情况下，孩子们和他们的朋友们会直接从前门进来，根本不会敲门，甚至连招呼都不会打，奇怪的是，这次门铃却响了。（就算孩子们跟我们打招呼，内容也通常都是"我饿了""晚饭什么时候好？"）

这位意想不到的客人是被选作校董会成员的阿什莉（Ashley），她以温柔地微笑迎接了我，"你好呀，奥尔登。"我正要找她。"你能腾出几分钟吗？"阿什莉是我的一位朋友，多年来一直担任董事会成员，我们十分敬重她这些年来对我们的社区和当地公立学校做出的贡献。对我们所在的街区而言，学校就是这个小镇的命脉。每年家长和社区团体都会募集资金用于支持学校的体育活动、音乐赛事以及商店和计算机实验室。以前是由州政府对学校的这些项目进行资助，而如今都由当地社区自行资助。我们的第一个孩子上幼儿园不久，我和妻子马上加入了这项募集资金的社区活动。由于同学校校董会成员的合作不断加深，我们逐渐通过这一年一度的募捐活动结识了阿什莉。我和妻子曾经领导了两年的社区公共募捐活动，每年为学校的基础课程筹集 100 多万美元。阿什莉站在我们家门前时，我和妻子刚刚从领导者的位置退居二线不久。

阿什莉并非我们家的常客，因此我意识到可能发生了什么事。看周日报纸的事可以暂且缓缓。寒暄了几句之后，她表明了来意。出于种种十分充分的理由，校董会决定是时候解决学校学生超员的问题了。从幼儿园到五年级的教室人数原本只能容纳下 440 个孩子，而现在的实际入学人数超过了 800 人。还好我们租用了一些移动教室，从六年级到八年级的中学部相对来说还不算人满为患。校董会决定发行 3000 万美元的债券来扩建学校。这本来十分合情合理，但是校董会决定让整个小镇在 90 天内就债券的问题进行表决——这是一个超视距目标。时间安排得十分紧张，而且另一方面的情况使问题变得愈发复杂了，由于当年是非大选年，我们需要获得 67% 的绝大多数选票才能通过债券措施。

　　我一边听阿什利解释详细情况，一边开始争分夺秒思考怎样才能获得这么多选票。然而，我却没有什么深思熟虑的好点子，因为我根本没有参加过社区债券相关的活动。我正在浮想联翩时，阿什莉抛出了她的问题："奥尔登，你会主持这次的债券活动吗？"我看着我的妻子，她却举起了双手，"可别看我，阿什莉问的是你！"

　　我说道："阿什莉，我对怎么主持债券活动、其中涉及什么内容，统统一窍不通。"

　　她笑了起来，说道："我们明白，但是别担心。你可以聘请顾问。"

　　她的答复又让我提出了另外一个显著的问题："我要到哪儿去筹到钱聘请这些个顾问呢？"

　　她马上答道："你的团队可以筹集用于宣传债券措施的资金。"

　　这下我的脑子真的短路了，我自言自语道："那么说得直白点儿，你想组建一个团队筹集资金以增进民众的认识，说服 67% 的社区投票支持提高他们的税收？"

阿什莉点点头："你还剩下不到 90 天……你觉得呢？同意加入吗？"

我要怎么说不呢？

接下来的 90 天就是一片模糊的记忆，事后看来，我很高兴，自己告诉了"完美健身"团队，我正在做的事情，因为我当时根本不知道自己接受的是一份全职的志愿者工作。阿什莉离开不久，我就开始写下理想队友的名字，邀请他们同我一起完成这个任务。需要有人填补关键职位的空缺，这些人不仅需要具备相应的能力，还要乐意无偿奉献无数个小时。哦！对了，我们需要在两周内募集大约 3.5 万美元的活动资金（不是免税的，我可能说过）。我需要一位首席财务官、一位首席筹款人兼销售负责人以及一名公关人员，另外还需要一名首席宣传官来进行宣传——这是最耗时的工作。阿什莉并不知道，当晚我们接到一个晚宴邀请，其主人正是刚刚接手年度社区集资委员会工作的夫妇。我意识到，现在就是招贤纳士的绝佳时机，于是向赴宴的客人们提了一个问题："在座的各位有谁愿意将我们的学校建设得更好？"

　　我花了 20 分钟简要地概括了我和阿什莉的对话内容，最后以一个开放式的问题结束讲话："谁愿意加入？"值得庆幸的是，这 10 位朋友都是社区知名的志愿者，尽管当时他们都忙于各种事务，比如做家长、做高管、做兼职志愿者（负责从当教练到协调校园午餐等各种活动），但他们都举起了手。那天晚上是为期 90 天的宣传活动的第一天。银行账户、选票登记、筹款、登门营销团队、标志、保险杠贴纸、社区外展会议、建筑概念图、报纸访谈，社交媒体评论和电话会议——全都在我们的计划之内。我们制定了一个简单的口号："同意措施 D"。几天之内，我们集结了百名志愿者向社区宣传我们的行动。

　　我借鉴了在海豹突击队时的训练经验，我们现在的活动队伍就像是由几支团队组成的庞大团队，这支队伍中既有资金募集团队，也有市场宣传团队。每支团队都有一名团队领导者——相比于管理者，他们更像是一名运动员或者教练。这些团队领导不会指导其他人去做什么，他们必须亲力亲为，和其他人做同样的工作。当然，这些领导者也会提出指导意见，规划活动的宏观蓝图。每个人既要张贴标语，上门宣传，负责接待，同时也要参加电话会议。几所学校的管理者也不例外，同家长们、校长们、董事会成员们一样，成了这个大团队的一分子。这样的设定十分富有成效，因为每个人的努力都至关重要，每个人的努力都得到了尊重。尽管有些志愿者只有晚上才有空闲，另外一些只有周末方便，但每个人都清楚，自己的努力正在发挥作用，并且这份努力也会得到感激与肯定。大家会在我家举行不太正式的聚会，交流新进展（也包括更新每周的电子跟踪进度，重点强调接下来需要做的事情）。我在聚会开始和结束时的发言重点始终都是认可并感激每个人的努力与奉献。活动成功的唯一途径就在于大众参与，活动的唯一目标就是赢得超过 67% 的赞成票。我们的工作堪称游击式的，不断有人提出新的、更好的观点，我们的计划也随之不断地更新和改进。当然，只有那些愿意接受新观点的人才会发现它的好处。倾听他人的意见，向他人学习，这种简单过程让志愿者树立起对彼此的尊敬之情。鉴于成员之间的深厚尊敬之情，我们称自己为"邦德队"（债券队，双关语）。大家甚至根据詹姆斯·邦德系列电影中的人物为彼此起了绰号。我们需要一点轻松的元素来保持工作的乐趣，特别是在需要完成某些最不讨喜的任务时，比如贸然打电话宣传。然而，至少可以说，这是一种真正的"邦德"式"惊心动魄"的体验。

我很确信我们肯定已经犯了各种各样的错误，但这些都不是我们关注的重点。我们的重点在于让尽可能多的人参与投票，顺利通过债券措施。我们并不担心犯错，我们会分享这些错误，避免有人重蹈覆辙。我们关注重点的是每天都为实现目标有所行动。

这一过程奏效了。在阿什莉向我们寻求帮助后的90天里，邦德团队的努力得到了回报，超过72％的人投票支持"债券措施D"。我们的执行过程很混乱，信息也不全面，情况不断变化，队员们轮番上阵，而且任何时候，我都无法准确说出每个人的确切工作。这完完全全就是一个超视距操作，但具有不对称优势的团队正是为此而打造的。作为领导者，这一点至关重要，首先要建立一个强大的领导平台，接下来在招募团队成员过程中，你需要执行"关怀"循环。作为这群散乱志愿者的领导人，我尽量不错过任何机会去强调成员行动的重要性。我们的成功源于"邦德队"的共同努力。我所做的一切就是为他们的行动奠定基调。我为队员们服务，队员们为社区服务，反过来社区通过了债券措施作为回报。

这次的债券活动是在危机中完成超视距目标的典型例子。领导一支志愿者队伍或许是所有领导人所面临的最困难的任务。团队绩效体现在三个基本方面：危机应对能力、创造力、生产力。所有团队都必须在这三项上取得良好的绩效。"邦德队"基本上是在危机中创建起来的（在90天内要完成目标）。通过发挥创造力，我们将自己付出的努力最大化；通过民意调查来精准衡量效率，跟进我们的生产力状况。在这项活动中，大家既没有奖金，不会得到晋升，也没有盈亏难料的股票分红，唯一能得到的资产回报就是为孩子和社区的未来贡献了一份力量。我们的"工人"都可以随便在哪一天选择停工。我们的团队中99%都是志愿者（另外1%是我们聘请的一位顾问），活动的成功与否完全取决于大家是否愿意奉献时间与精力。

请问：在你看来，领导一支志愿者团队，与领导一支员工团队（员工们有薪水）或一支海豹突击队有什么区别吗？

在给出答案之前，请思考一下，你会以怎样的态度对待这些志愿者们呢？这些人决定牺牲自己的空余时间，与你携手并肩为一个共同目标而奋斗。如果他们犯了错，你对待他们的方式，会同你对待普通员工和海豹小队的伙伴的方式有区别吗？你是否会以不同的方式激励志愿者们呢？你是如何同志愿者们沟通的呢？是感激他们牺牲自己的时间，感激他们坚持不懈付出努力，还是期望他们能执行你的命令呢？当每个人都成为志愿者时，究竟是谁为谁服务呢？从某种意义上来说，每个团队都由志愿者组成——不管这些志愿者是否得到了薪水。得到薪水的员工们可能会出席你的会议，但如果你想让他们心甘情愿地执行你的任务，把你布置的任务当作"自己分内的事"，那么你就需要对团队所有的成员一视同仁，不偏不倚。当然，根据具体情况，分配给每个人的工作量，以及给予的期望值多少都会有差别，但不管如何，你对待每位成员的方式应该是相同的。因为我们都是志愿者。不管与你交往的是海豹突击队员还是软件工程师，他们对于自己的工作环境、愿意付出多少努力、忠诚度和敬业度的高低都掌握着选择权和决定权。请回想一下我在第 3 章中提到的盖洛普调查。你的队员们敬业吗？还是说他们只是出勤了，心却不在工作上？他们是志在必行还是勉强应付？

你可能会认为，只要给出最高的薪水和津贴，就能吸引最优秀的人才，从他们身上获取最大程度的效益。然而，事实上，尽管像薪水津贴这种传统型奖励是必要的，但它们几乎从来不会催生出，我所强调的高度忠诚与相互尊敬之情。如果你想激励他人，那么无论是你同他们交流，还是在为他们服务，你都应该注意自己的语气和态度。他们会注意你的一举一动。

赢得尊重需要获得信任，反之亦然，二者互为条件也互为结果。信任会织就一张安全的网，而尊敬之情则在困难时期增强团队的动力。来自乔治城大学的教授克里斯蒂娜·波拉斯（Christine Porath）实施了一个全球研究项目，共同参与项目的还有《哈佛商业评论》以及能源项目公司的首席执行官托尼·施瓦兹（Tony Schwartz），该研究项目涉及两万多人。教授表示，想让员工们更加敬业，奉献更多精力，领导者就必须展示出一种态度："尊重"。

令人大跌眼镜的是，研究发现，超过一半（54%）的参与者坦诚自己很多时候没有受到领导者的尊重。这项研究揭示了尊重与敬业度之间的直接关系。除了研究充满高度尊敬感的环境与高敬业度之间的联系，波拉斯教授同她的团队还发现尊重与绩效之间的积极联系：

那些得到领导者尊重的员工表示，他们的健康和福祉提高了 56%，信任和安全感提高了 1.72 倍，他们的工作享受度和满意度提高了 89%，对工作的投入和重视程度提高了 92%，工作的意义感提高了 1.26 倍。受到尊重的员工与没有受到领导者尊重的员工相比，其继续工作下去的意愿要强 1.1 倍。

　　2001 年，道格·康纳特（Doug Conant）成了金宝汤公司（Campbell Soup）的首席执行官，他将尊重视为其扭亏为盈战略的基石。当时公司已经损失了一半多的市值，进行了一轮大规模的裁员，公司收益不断下降。一位盖洛普的研究员称，金宝汤公司的敬业数据是"所有参与民意调查的 500 强企业中最糟糕的"。在接下来的 9 年里，康纳特没有错失任何一个对员工的付出表示尊重的机会。康纳特和他的领导团队制定金宝承诺（Campbell Promise）："金宝重视人人，人人重视金宝。"**康纳特有意强调珍视人的重要性，希望人们能觉得自己受到了重视和尊重。为了说明自己的领导方式，他公布了十点保证，进一步巩固了这一承诺。第一点为："我们将怀着尊敬之情重视您的尊严。"为了表示对员工的尊重，他亲自发送了 3 万多份感谢信。**康纳特的行为为公司的 350 名高级领导者树立了榜样，大家纷纷效仿，而他们也确实做到了。到 2010 年，金宝汤刷新了历史业绩记录，超出标准普尔 500 指数的 5 倍。

　　你可以通过为团队目标贡献自己的力量而赢得尊重，而有些时候，你可能仅仅需要摘下自我的眼罩，就能做出意义重大的贡献。很多时候，团队建设者会误以为只有最有经验的团队成员，才能提出最好的想法。甚至在军队中也会有这样的误解，我们会把参加第一次派遣行动的海豹突击队员称作"生肉"或"新人（FNGs）"，而在我们追捕"死神医生"的行动队当中，就有这样一位新人。新人的绰号是"凯比（Cappy）"。他曾经当过医生，这种职业背景为他在第一波任务中赢得了一席之地。尽管缺乏实战经验，但他的认真努力和少说多做，极大地弥补了经验不足的劣势。在大约两天的追捕过程中，我们收到了斯通斯上校的消息，称他即将中止任务，因为我们发送回去的照片太模糊了。数码相机的自动对焦装置根本不能对准亡命飞驰的汽车，并保持同一频率。因此，即使我们抓拍到了犯人的照片，但照片的像素太低，这样也不能作为采取军事行动的证据。我向斯通斯上校重新申请了 24 小时并得到了他的同意，于是我们的团队开始致力于制定新的计划来解决这一技术缺陷。我们所在的地方不允许我们站起来，我们也不可能挂上作战图来进行一场头脑风暴，于是大家蜷缩在用于临时伪装的树枝和防水布下，通过一个小型防水笔记本，低声细语传递彼此的不同看法。我们没有特别区分经验丰富的老手和像凯比这样的新手，我们关注的问题仅仅在于是或者不是队友。凯比做出了和其他人一样的贡献，这是一件好事，因为他的想法挽回了这个任务。

凯比要在目标车辆的必经之路上挖一个坑，为了避开这个坑，司机肯定会放缓车速，绕个大弯，这样我们就有机会更加清晰地抓拍目标。我们用上了夜视镜、红外灯、无线电以及一个电子工具（挖掘铲），分成了两组双人坑洞队，一个团队负责挖坑，而另一个负责放哨，监视路上的情况。我们花了整整一个晚上挖出了坑的雏形，接着在白天试着通过抓拍其他车辆的照片练手，看看这个坑能否让车速放缓，好让我们的自动对焦的镜头拍出足够清晰的照片。好消息是，第一个晚上后，这个坑的确起了很大的作用，斯通斯上校被顺利说服，不再下令中止任务。每天晚上我们都会着手挖坑工作。8天后，我们得到了将军需要的清晰照片。不久后，"死神医生"遭到逮捕。尽管这次行动在各种逮捕任务中根本不值一提，但斯通斯上校对任务的结果非常满意，为我们的行动授予了军队表彰和成就奖章（一个军队分支机构向另外一个分支机构授予奖章并不常见）。

当海豹突击队完成海外派遣任务归队时，负责人员（OIC——我们队的负责人正是我）会主持一场汇报会，向所有的海豹突击队伍汇报任务情况。这种汇报能够有效地同其他队员分享经验教训，这样他们在面对危险的派遣任务时，可以做出更充分的准备。我在分析讨论这次任务时，特别提及我们的队伍如何就不同的观点进行讨论，强调了是凯比的点子挽救了这次的任务。你觉得我这样说会让凯比感觉如何呢？其他即将参与派遣任务的新人们，听说一名新手队友想出了最棒的点子之后，又会有怎样的想法呢？

请猜想一下，当人们觉得自己的努力和想法得到了尊重后，会发生什么呢？他们会觉得充满了力量，能够付出更多努力。领导者的职责就在于引导队友们为团队做出最大的贡献，帮助他们进一步发掘自身潜力，鼓励他们为实现团队目标而倾注更多努力。同建立信任关系和校准目标方向一样，尊重也是一种逐步形成的习惯。

强化激励：彼此都不想让对方失望

如果随便让一位体育迷说出历史上最成功的球队的名字，大多数人都能马上说出其中一个职业球队：洋基队、爱国者队、湖人队、公牛队、凯尔特人队等，这些球队的名字总是会高高挂在排名榜前列。这并不难理解，因为职业队伍会得到大部分电视曝光的机会。然而，有史以来最成功的球队却不一定总是最有名的。在见闻广博的体育爱好者看来，约翰·伍登（John Wooden）带领的加州大学洛杉矶分校篮球队是体育界的黄金标杆。12 年来，伍登的球队 10 次夺得 NCAA 冠军，其中连续 7 次蝉联冠军。自伍登的球队之后，没有一支球队连续两次夺得冠军。伍登教练经常谈起自己的教练理念。**他将自己当作一名老师，始终致力于让自己的队员们处于最佳状态，他希望自己的球员能够保持平和的心态，因为他知道他们已经尽了最大的努力。对于整个团队的合作精神，他不吝赞美，却不会因为他们一个个都是超级球星而欢欣鼓舞。**

伍登详述了建立冠军球队的种种细节，但他从未与队员们讨论过一个话题：获胜。他不想队员们将注意力放在获胜上，而是希望他们能为整个团队拿出自己最好的状态，相互尊重，通过比赛抛却自我的想法。他不断提醒自己的球员们："当谁都不关心得分高低时，团队合作反而能赢得不错的分数。"

无论是在伍登教练之前，还是之后，没有一支大学球队超越他的球队。篮球界不乏亚军，然而这其中也包括康涅狄格大学的杰诺·奥利埃马（Geno Auriemma）教练和田纳西州的帕特·萨米特（Pat Summitt）教练，两人领导的女子篮球队却多次刷新了篮球冠军赛的记录。奥利埃马和萨米特两位教练之所以值得一提，是因为他们都延续了伍登教练曾善用的成功公式：联系、实现、尊重、赋予力量。

似乎践行"关怀"原则，在商场中论及爱、尊敬、真理已是老生常谈。不过，无论是作为领导者，或是团队成员，抑或某个机构，如若一言一行不能真诚地体现这些原则，它们才会真正成为陈词滥调。如果言行一致，你是不会失败的，你的团队同样也不会失败。请问一问具有不对称优势的队伍中的某位成员——不管这位成员是篮球运动员、执行委员会成员，还是一名海豹突击队员——你都会听到同一种答案：我们之所以取得胜利，不是因为我们害怕失利，而是因为我们不想让彼此失望。

人们总是有一种误解，觉得最优秀的教练要么是最苛刻的、嗓门最大的，要么就是最聪明的决策者。然而，事实并非如此。当然，优秀的职业素质是百利而无一害的，但正如明智的商业决策和智慧策略有利于企业的繁荣发展一样。其实，区分队伍平庸与卓越的关键就在于教练，优秀的教练会教导球员们无论是在场上还是场外，都要对自己的行为负责，这样的教练也很清楚，关心队员是自己应当全天候遵守的承诺。作为领导者，你越是关怀球员，那么你的球员（以及你的队员）也会更加关注团队的目标。如果所有的球员都全力以赴——这也是伍德教练所谓的"心态平和"，他们就会明白，自己不能失败，并且整个团队都会支持自己。球员们在快乐中竞技，而不是出于恐惧。

这番话可能听起来有些理想主义，甚至有些精神论了。然而，你知道吗？事实就是如此！请想一想位于加利福尼亚康科德德拉萨尔男子高中（De La Salle High School）的足球队。这支足球队连续缔造了最多的全美纪录，胜次高达151。他们在1992年至2004年间一直保持不败，连续赢得了72次比赛，两倍刷新了上一个纪录。这支足球队的教练鲍勃·赖杜索（Bob Ladouceur）表示，球队成功的秘诀就在于营造了一种氛围，赋予球队的作战计划以爱的能量，从而激励队员们发挥出最佳水平。毋庸置疑，赖杜索教练和他的队员们拥有良好的职业素质，也理解竞技的意义。不过，让这支球队和教练区别于其他普通球队和教练的关键因素就在于，他们对彼此的真诚承诺。教练要求所有的队员"自始至终保持最佳状态"。队员们确实也这样做了，因为教练不仅仅将队员们看作一群运动员，更是将他们视为家人。

在团队中成功的一个必备要素就是无私，那些吹嘘自己技能、寻求个人认可的运动员，如果不改变自己自私的行为，那么他们就会被排除在外，甚至被驱逐出队。赖杜索教练之所以要训练出完美的赛季球队选手，不是为了自己的荣誉，他从未将球队取得的成绩作为职业跳板，进而为自己谋求更高薪的教练职位（确实有不少人向他抛出了橄榄枝）。刚好相反，教练选择率先垂范，为队员们树立了谦逊的榜样，这也是他希望队员们能具备的品质。他知道球队的"孩子们"善于观察，自己的行为以及训练方法是整个团队的标杆。在《决胜巅峰》（*When the Game Stands Tall*）一书中，新闻记者尼尔·海斯（Neil Hayes）引用了教练的一段话：

"孩子们尊敬真正的谦逊品质，也尊敬超越胜利之外的追求……如果你渴望的不仅仅是赢得比赛，那么你的队员们会为你和你的团队而战。这可以归结为作为一个人，你有着怎样的信仰。我谈论的是应该怎样度过生活，应该怎样对待他人。孩子们会目睹这一切，而这些无关于'拿着粉笔站在队伍前面指导队员'。你可能知道谁应该防守，应该运用怎样的战术，但是这一切只有在这群孩子们了解你是怎样的人的情况下，才有意义。我们的孩子不是为了胜利而战，而是为了他们所代表的信仰而战。"

　　篮球场下，赖杜索同约翰·伍登一样，希望学生们能学习生活技能。像所有具备不对称优势的团队的领导者一样，这两位教练追寻更高远的目标。胜利于他们而言，不过是生活中和赛场上发挥出最佳水平的副产品。

　　还有另一位成功的高中足球教练——乔·埃尔曼（Joe Ehrmann）。埃尔曼是曾参加过美国"超级碗"的防守球员，退役后在巴尔的摩的吉尔曼中学（Gilman School）担任教练。《生命的季节》（*Season of Life*）一书记录了他成功的教学方法。**他教会平民区的球员们如何深刻地关爱彼此，爱的纽带紧密维系成员们之间的关系。正是因为球员们之间不断增强的紧密联系，他们甚至愿意奉献出他们拥有的一切，奉献比自己想象中拥有的更多的东西，来为彼此而战。埃尔曼教练的团队建立于最高层次的关怀之上：爱。**

　　现在请想象一下我非常喜欢的一项运动，也是一项体现团队精神的运动：8人赛艇。最好的8人赛艇队伍就如同是一人在赛艇。队伍里没有MVP选手（最有价值的选手），没有得分最高的选手，也没有最擅长跑步的运动员。8人赛艇仅仅只有一个目标：齐心协力，团结一致，超越对手。要做到这一点有极高的身体素质要求，同时也是一件彻头彻尾痛苦的事情。运动生理学家称，8 人精英赛艇队一场比赛所需要耗费的体能等同于参加两场"背靠背"职业篮球赛。这项持续 5 分 30 秒的运动会给赛艇选手们带来剧烈的疼痛，以至于比赛最后时常有选手晕厥。所有的顶级赛艇选手兼备极高的身体素质和良好的赛艇技能，但同时这些了不起的选手们也愿意忍受赛艇带来的极端身体不适。为什么？因为他们不仅为彼此服务，也为共同目标服务。

很少有运动团队能媲美锐不可当的美国女子 8 人赛艇队。从 2006 年至 2016 年的 10 年间，这支队伍在每一场国际比赛中均取得了胜利。每年世锦赛她们都会夺得冠军，在奥运会她们也摘得了金牌。这支女子赛艇队们连续 11 年获得世界金牌和奥运金牌。世界上唯一夺冠次数超过这支女子赛艇队的体育队伍，是 20 世纪 60 年代中期到 70 年代的苏联曲棍球队。

不过，出人意料的是，这支女子赛艇队不同于男子篮球队和苏联曲棍球队，她们并不是依靠回归的明星选手赢得一个又一个赛季的。在连续 11 次夺冠的比赛中，其实只有一名选手一直留在比赛阵容中——梅根·慕斯尼克（Meghan Musnicki）。在连续胜利的赛季中，另外一位一直留在队伍中的人就是教练汤姆·泰哈尔（Tom Terhaar）。这位风格保守而沉默安静的教练被认为是一名神秘人物，他倾听的时间是发表看法所用时间的两倍。这位 4 个孩子的父亲将自己的运动员推到闪耀的聚光灯下，自己却会躲开镁光灯。用他的话来说："这与我无关，并不是教练获得了奖牌。"当谈起泰哈尔教练的指导风格时，慕斯尼克热情洋溢地回答："他是一位了不起的教练。他很严厉，对我们有很多要求，也抱有很多的期待，但这些都是值得的……如果我没有信任他，或如果他不信任我，我今天就不会站在这里。"

相较于其他锐不可当的教练，泰哈尔教练的标志性训练方法则是谦逊、无私的职业道德、信任、尊重，以及将队员们推向超乎想象的远方。两届奥运会金牌得主苏珊·弗朗西亚（Susan Francia）表示："他很强硬，有时我会讨厌他，但我一直都很尊敬他。他将我推向我的极限，推向一些成就——我原本不知道这些成就也是可以通过人力实现的。我坚信，没有他，我们绝对不会拿到一块金牌。"

做一名关怀队员的领导者并不意味着"态度柔和"。恰恰相反，足够的关心意味着迫使队员迸发出最大能力。11 年来，泰哈尔教练这种无私的卓越行为树立了金牌标杆。

正如来自底特律的 28 岁的舵手凯特琳·斯奈德（Katelin Snyder）所说的那样："打败另一个女孩并不会让你的速度变快……你之所以变快是因为你成了最好的自己，并且在同那个女孩一起进步。"

团队成员之间的相互尊敬并不等同于友情。不过，如果你同某些你曾公开表示尊敬的人建立起友情关系，也不用惊讶，这与认可贡献有关。团队建设在某种意义上算是一种悖论，因为一个团队里需要不同的技能才能取得成功，而成功只有通过团结才能实现。最强大的团队兼备广泛的技巧和深度的团结。

克制情绪：避免冲动行为的三个问题

作为老板，拥有令人印象深刻的头衔，位居组织结构的顶部，这些会为你赢得一丝团队成员的尊重。然而，如果你的行为有悖于你的权威和地位，那么你作为领导者是没有公信力的。

如果你真的想让别人心悦诚服地追随你的领导，你必须愿意克服自己的不安和恐惧。**你能否如愿以偿地得到队友的尊重取决于你是否能对他们也展现出尊重。在由衷地赞美团队成员的贡献的同时，你必须虚怀若谷，承认自己的局限。**团队领导者的职责不单单是建立信任关系和设定方向目标，同时也在于打造一个相互尊敬的环境。这样队员们才能畅所欲言，自由地发表观点、讨论意见，最终勇敢地采取行动而不必担心受到嘲笑。这样领导者才能真正地树立威信和权威。

　　作为领导者，能够做到不自视甚高，不被权力和野心蒙蔽双眼确实是一大挑战。每个领导者，甚至每个人都容易受到这些诱惑的影响。不过，伟大的领导者会采取措施抑制这样的冲动，避免说出某些失礼的话，或是做出某些轻蔑的举动，因为尽管这样的言辞和行为会让自己显得冠冕堂皇，实际上却是以牺牲整个团队为代价的。因为我自己也面临过这样的情况，所以我很清楚。当受到威胁、感到不太确信时，我们很容易以一种漠不关心、不尊重人的方式进行猛烈回击——而那些具有不对称优势的团队时常会发现他们就陷于这样的处境之中。我们往往太快做出过于尖刻的反应，或草草盖棺定论，任由情绪牵着我们的鼻子，或是在人家还在说话时就不再听下去。

领导一支团队可能是一件有压力的事，而当我们处于压力之下，我们有可能采取火上浇油的糟糕行动，在本应该化解剑拔弩张的局面、建立相互信任的关系时，适得其反，引发他人的负面反应。领导者可以是团队源源不竭的力量源泉，也有可能成为整个团队最大的敌人。我们要感谢这两种结果。

神经科学家的研究表明，我们会被情绪控制，而这种控制可能具有积极意义，也有可能是消极的。特别是当你的团队带来了坏消息，或是当你嗅到空气中弥漫的失败味道时，尤其容易被负面情绪击倒。我有一种专门帮助自己调节情绪技巧，用以避免一时冲动做出反应。

我会强迫自己停止讲话，站起来，做三次有节制的深呼吸。吸气三秒钟，屏息三秒钟，吐气三秒钟，每一次呼吸完成时问一个问题。在听到三个问题的答案之前，我不会作任何回答。有时候我是向自己提问，有时候是向我周围的人提问，有时候我既向自己提问，也向别人提问。

1. 会发生什么呢？
2. 你想达到什么目的？
3. 你打算怎么办呢？

　　请记住，你的团队的脾性反映领导者的性格。如果你纵容情绪影响你的判断，或是在还没想办法了解整体情况时就做出反应，那么你展现出的情绪是不对的。保持冷静（深呼吸比较有用），就目前的情况提问，弄清楚发生了什么，团队正面临着什么样的挑战——了解他们可能因为什么而产生负面情绪和恐惧感，这样能够让队员们感觉自己受到了尊重。队员们的安全感有一定上升时，就会愿意同你分享关键信息，这样你也能够避免任务失败。

　　作为领导者，你的行为始终会受到检视，你的队友们会一直观察你的行为。你在最艰难时期（包括失败、一场伟大的斗争，或是伟大斗争中的失败）的自处方式是衡量你的领导力的标准。当你面临困难时：请深呼吸，提问，然后重复这个过程！

第六章

赋　权

让团队成员既有意愿又有能力

EMPOWER

对于瞬息万变的时代而言，在把握机会和处理问题方面，有些领导者其实并不比团队成员高明多少。因此，领导者应该首先构建起完善的学习机制，让整个团队的能力共同提升。当各种分享措施成了一种习惯时，团队成员的能力不但可以得到提升，凝聚力也会得到同步强化。在分享知识的基础上分享权力，整个团队的效率就会大幅提升。

"关怀"循环

20世纪70年代，美国唱片业协会（Recording Industry Association of America）引入了以贵金属命名的唱片销售认可标准，以此评定出最受欢迎的唱片专辑，这也成了往后30年独立唱片公司所奉行的标准。专辑销售量达到50万张的音乐人会被颁发"金唱片"认证，超过100万张的则会被颁发"白金唱片"认证。不过健身行业可就没有这样的销售奖励制度。经验丰富的行业老手要么只是称热销产品为"大满贯"或是"百年一遇的大风暴"，要么只是简单地说一句："你撞大运了"。因此健身行业和唱片行业有一个通用的术语，用以形容那些一炮走红，但热度持续不了一个季度，就迅速销声匿迹的成名艺人和公司，他们称之为"一举成名"。无论你是音乐制作人还是高科技企业家，一举成名对你来说都算不错，但是持久的成功不是更好吗？

自从"完美俯卧撑"健身辅助器一夜蹿红之后，我感到了前所未有的困扰，因为我成了一位一举成名的领导者。如果完美健身是一张专辑，那么不到一年，我们的"完美俯卧撑"专辑就能拿下多个白金奖。然而，经验老到的业内人士对我们公司的成功，发表了一大堆评论，总结起来就是："趁现在赶快享受这种风光。孩子，你撞大运了。"然而在接下来的 8 年里，我们的 5 款产品——"完美拉伸辅助器（Perfect Pullup）""完美多功能健身器（Perfect MultiGym）""完美腹肌塑形健身轮（Perfect Ab Carver）""完美冷毛巾（Perfect Cool Towel）""完美智能臂章（Perfect Smartphone Armband）"——获得了白金唱片级的成功，其他几款产品的销量也达到金唱片等级。没有人再说"你撞大运了"这种话，因为我们的公司已经形成了一个体系，生产出来的产品销量足以达到百万。那么，公司取得一系列成就的背后究竟是什么原因？赋权。

我们的产品并非出自某一个极具创造力的天才之手，而是由整个团队共同完成。团队中的每一个人都在产品构思的过程中贡献了一分力量。当人们成为主导者时，总是倾向合作思考。这时大家会分享想法、测试新想法、努力找出最佳想法，而不是纠结于究竟是谁想出了这个办法。每个人都表现得坦诚无私。**简而言之，赋权是"关怀"循环的闭环，表现为以下三个方面：使人接受教育，使人具备能力，使人投入工作。**

值得注意的一点是，"关怀"循环并非一条线性序列，而是一个良性的循环圈。这个循环圈由一系列无限循环的行为构成，同时这些行为也是相互关联、相互影响。如果你已经赋予了他人权力，那么接下来你应该注重更新联系，这种联系有助于增进团队势不可当的劲头。不同的团队聚在一起，为实现特定的目标而共同奋斗；当目标完成后，这些团队可能会为了新目标而解散重组，而你必须不断更新团队成员们之间的联系，让大家紧密团结在一起。这一更新过程健康而自然，不仅适用于团队内部的成员，同样也适用于整个团队组织。

所谓赋权，就是赋予责任与权力。二者听起来似乎毫厘之间，但在团队建设的过程中，实际上是截然不同。赋权不是强迫员工向上级报告来获得审批，而是赋予他们决策权，这样才能为他们开辟一条当家作主的道路，这样他们会把自己视为负责人，而不再是打工仔。当然，员工们必须在与他人相处的过程中接纳 "关怀"循环。"关怀"循环能够维持目前的团队的协调一致，激发团队斗志，赋予团队力量。再理想的情形就是，"关怀"循环促使员工们赋予自己权力，担当责任更加重大的领导者角色。

没有什么能比你愿意倾注时间来教员工们学习新技巧，更能表示你对他们的关怀了。不过，请注意：不要将告诉员工们你所知道的内容（或是他们不知道的内容），同教授他们学习技能混为一谈。

赋权不是一项任务，你没法在任务清单上打钩，你也没法分发试卷对他们进行测验。赋权的行为能够随着时间的推移而不断发展。**实现赋权有赖于一种环境，让团队中的每位队员都能分享自己学到的经验，让每位队员都意识到自己有义务去指导并支持其他队员，促使他们获得成长。赋权的行为同其他关怀行为一样，始于你也终于你——团队领导者。**从某种意义上来说，作为领导者的你处于"关怀"循环的中心，你是那个让循环圈不停转动，让团队始终保持前进势头的人。接下来，建立"关怀"循环就会逐渐成为每位队员的责任，每位队员都会为这个循环圈注入润滑剂，每位队员都会积极寻求完成任务的新方法。这就是赋权。

教育几何学：向团队赋能的三种手段

请将"教育"想象成一个三角形。三角形的三条边分别代表使人获得教育的三种方法。理想状态下，我们能够建立起一个等边三角形，三角形的三条边一样长，意味着三种方法都能发挥同样的效力。我是这样定义每一条边的：

· 跳背式训练：队员之间通过相互分享经验教训、分享最成功的实践经历、汇报情况、更新邮件……在团队内部进行非正式训练。

· 外部培训：这种训练相对来说比较正式，通常由外部其他行业的专业人士，或是一些特殊领域的专家进行培训。

· 在职培训（OJT）：在职培训让成员们有机会学以致用。这种边学习、边实践的方法同时包括经验指导和专业指导。

当你创建一个体系，从这个三角形的3个方面出发，对队友们进行学习训练时，他们会逐渐"明白目标是什么""明白为什么要实现目标""明白如何实现目标"，同时，面对未来即将担任的角色，他们也会更加自信，能力也会更强。

领导者经常会请第三方来培训，注重外部资源固然有用，但只注重外部资源并不能让整个团队做好实现超视距目标的准备。外部培训当然是赋权的重要组成部分，但前提是三角形的另外两个方面同样得到发展和训练。跳背式训练和在职培训也同样重要。事实上，只有当三个方面同步发展，而不顾此失彼时，团队才能真正被赋予权力。

在领导海豹突击小队期间，我们常常会提前 12~18 个月为海外任务做准备（由于行动有变，我们不得不加紧训练日程）。在派遣预备培训期间，我们几乎会花一半的时间进入某些专门的学校，学习特定技能，如狙击训练，跳伞指挥、作战式潜水。然而，为了进一步增长见识，增强队员的能力和信心，我们还参加了一些看起来不太相关的训练项目。其中有一些民办学校是由拉斯维加斯前发牌人创办的，有些由奥运选手运营，还有些由美国汽车比赛协会（NASCAR）的车手管理。海豹团队的成功部分在于，我们并不只是进行传统的战事训练，我们也十分注重形成非固定思维模式的学习过程。拉斯维加斯的前发牌人能够射中空中的扑克牌，为我们展示了迅速攫取目标的技艺；奥运选手则教我们如何在水中更快也更高效地游泳；NASCAR 的车手则向我们展示了如何将一辆车同时变成武器和掩体。

海豹突击小队始终处于持续的学习循环之中。小队指挥员和指挥助理待在培训学校的时间相对短一点——只有18~24个月而已。高级领导人员也处于类似的循环周期之中。对于海豹突击队而言，培养下一代队伍对于保持在未来不对称战争中的实力而言至关重要。对相对年轻、缺乏经验的队友进行教育投资，不仅能够提升他们的能力和信心，还能够赋予他们权力，促使他们在任务制定和执行的过程中，提供深刻洞见。俗话说："一条锁链的强度取决于它最脆弱的那一环。"这也是为什么在海豹突击小队中，最富经验的成员会和经验最少的成员组队。在海豹突击队中，规模最小的团队是两人团队，我们称之游泳二人组。如果有新人入队，会安排他们同知识更广博，经验更丰富的队友组队。通过给新队员传授知识加强最薄弱环节，能够迅速减少成员们之间的知识、经验方面的差距。团队中每个人都有责任为彼此传授知识经验。只有将经验分享并传授给队友之后，才算得上真正意义上的经验。

跳背式训练

还记得你小时候在体育课上玩的跳背游戏吗？竖列排成几队，每支队伍中前后两个人间隔两臂长。除了第一个跳的人之外，所有人都要屈膝四肢着地，接着从最后一个人开始依次连续从前面的人身上跳过去。每个人跳完之后，就会大声喊出"下一个"，或是直接叫出队伍中下一个孩子的名字。这属于团队比赛，在确保队伍中每个人都从前面人身上跳过的情况下，队伍才算获胜。**我所说的教育方式类似这种跳背游戏，我们的目标在于帮助你带着新信息起跳，确保你落在一个能学到更多知识，获取更多信息的位置。如果你的确受到了这样的帮助，那么作为一种回馈，你的任务在于分享你所学习到的知识信息，帮助其他人起跳——这样就形成了一个不断循环的学习圈。**

如果你始终秉承这种跳背式心理，你会发现自己身上基本找不出薄弱环节了，因为大家会持续不断地为彼此传授知识经验。多亏了这种教育思维方式，海豹突击队和其他特种兵作战部队因此能够以各种各样的团队技能，灵活应对各种状况。例如，在我们前往波斯尼亚执行任务的几周前，前沿部署部队的指挥官向我提出了两项任务，这两项任务同时进行，但在不同的地点：一项在波斯尼亚，一项在刚果。在波斯尼亚的任务是负责追捕一名战犯，而在刚果的任务是帮助一名美国大使。由于两个任务的时间安排紧张，我们不得不将两支海豹小队分成更小的团队，并且安排了一些专家人士加入我们的队伍，比如战斗艇飞行员和排爆（EOD）技术人员。我带着一名排爆专家前往波斯尼亚，我的上士则负责带领一支特殊的船队，跨越刚果河航行至任务地点。因为接受了训练，有信心、有责任，也有权威，上士被赋予了完成眼前这项任务的能力。

用一句话来形容这些上士：他们是海豹部队中最有经验的人。绝大多数时候，海豹小队的指挥员是由他们训练出来的。我和我的上士之间的关系自然也是如此！我们俩会例行检查，评估任务进度，共享任务信息。**我们之间的沟通不是等级式的，他既不是在做汇报，也不是在请求允许。我们只是简单地相互传递彼此收获的经验和学到的知识。如果我们之间一开始没有建立起信任关系、相互尊重之情、目标意识，那么这种"平面的"、非等级式的对话是很难，甚至不可能达成的。**

在判断最佳想法的过程中，我们应该放下自我，客观公正地进行评判，这样才能决定出最佳的行动方案。放下自我意味着，不带等级观念和身份地位的偏见，公正评判每种想法的优势。

教育是赋予人们权力，促使人们取得超出预期成就的第一步，但是这其中需要领导者的积极参与。只要一有队员从培训课上归来，他们学习到的新技能就会被应用到队伍的训练任务之中。狙击手负责射击，跳伞指挥员负责找准降落点并将伞兵送出去，司机则负责领导车队——他们会在队友面前完成所有这些任务。让这些队员在同龄伙伴面前展示自己的新技能，其实是在帮助他们建立自信，赢得尊重，同时也是在鼓励所有队员一起培养新的技能。

在职培训

只有人们被赋予了学以致用的责任，在职培训才能真正发挥作用。我们在海豹突击队的训练口号是"像实战一样训练"。在职训练的作用亦是如此，我认为这是你能为他人提供的最好的训练。不过，在职培训其实足以媲美领导者愿意放权，将任务放心地交给员工们。在职培训发挥效力的关键就在于你的投入和队友们的反馈。**跳背式训练和在职培训同属于内部教育，而二者之间的区别就在于：跳背式训练是在团体内部共同分享经验教训，而在职培训专门针对个人，让某一个人接受新的任务，并要求其对产生的后果负责，在这一过程中，受训者会一直拥有许多接受指导和得到提升的机会。**

在海豹小队接受的训练之中，最具有挑战性的在职培训活动包括接触性操练。这种训练用的都是真枪实弹，而非空弹，因此危险和强度在所难免。接触性操练的本质在于训练出一支能够应付各种敌对情形的队伍。除了关注自己的射界（射击责任区）外，每个人还必须准备好做出决策。由于我们无法控制敌人活动的地点，海豹部队的指导员借机在小队最容易受到攻击地点进行接触性操练——可能在过河的途中，也可能在跋涉过山谷的某个地点。每个人都有义务警戒敌人的活动地点。为了增加操练的挑战性，教官会剔除队伍中像小队长、首长、领导士官这样的关键决策者，迫使下一个人顶替上来做决定。在海豹突击小队中，我们将这样的情况称为下行操练。这样的演习为所有的队员都提供机会，为团队的进度和队员们的安全担起责任。我想谈一谈成为这类演习的主导者。某些时候，团队中的每位参与者都必须上前一步，来领导小队中的其他的队员。

这样的演习不仅教会团队成员树立同理心，尊重那些需要做出决定（正是字面意思）的挑战，也会让每位成员都处于权威地位，这样才能让大家做好立刻成为领导者的准备。虽然在工作场合，我们没有可以射击的敌人，但我们却有可与之抗衡的竞争对手。毫无疑问，我们面对着不确定因素，我们常常发现自己需要面对这样的情形：因为度假，因为休假，或因为家庭因素等种种原因，队友可能无法完成日常工作。最理想的在职培训项目给予成员们实时操练的机会，促使他们在此过程中得到提升。

外部培训

我将"完美健身"卖给了位于北卡罗来纳州达勒姆的规模大得多的英派斯公司（Implus）。不久之后，我需要建立一支新团队，新队友名单上的首选是一位销售人员。由于没有预算雇用新员工，北卡罗来纳州的公司提供了一份现有雇员的名单，我可以从中挑选一名新的团队成员（根据销售条款，所有后端业务都会转移到北卡罗来纳州，而销售、营销、产品开发的业务则继续留在加利福尼亚）。名单上的人我一个都不认识，也没有太多时间供我精挑细选。我们当时需要在短时间内推出新产品，我急需有人接替我在全国各地出差的重担。在同一群人交谈了一会儿之后，我选择了一名行销经历十分丰富的年轻人。

公司的高层建议我换个人选，因为他们觉得这名小伙子难担此任。他们认为他缺乏经验——也确实如此。并且据他们所说，这位年轻人是个"万事通"，他的性格接近一种纯

粹的傲慢，而这样的性格容易惹怒买家，不利于进一步推出
"完美健身"系列产品。尽管我没有怎么同这位新销售员伙
伴马特（Matt）相处，他的资历背景却为我带来了意外收获。
马特有着强烈的求知欲，极强的职业道德，更重要的是，他
看起来似乎是愿意倾听的人。我决定给马特6个月时间，让
他自己来亲自证明——那些批评者们都错了。如果6个月内
马特没法证明自己，那么我就会告诉新公司的高管们，我同
意从他们推荐的人选中挑一个出来。

　　我和马特一起做的第一件事就是一起连续完成一系列电
话销售。我邀请马特参与到电话销售的各个环节，从给买家
发邮件，到整合销售演示文稿，再到进行头脑风暴，设想买
家可能会提出的问题，以及我应该如何答复。除了让马特直
观地了解我是如何进行电话销售的，我也邀请他参与会议。
我将他引荐为我的销售同事，甚至鼓励他对销售会议上客户
们提出的问题进行回答。我们一起完成了3次电话销售。第
一次电话销售从头到尾由我负责；到第二次时，他给出了部
分演示文稿，比如英派斯公司具备哪些优势（这点他比我清
楚）。到了第三次时，他负责完成主要的内容展示，而我负
责补充。第三次演示结束时我们共进晚餐，其间我向他大致
说明了一些关键的反馈意见。

我同他交谈的方式，和平时我的专题广告片导演给我提批评建议时的方式一样。"不挟带私人看法，我只是单纯地希望你能做到最好。"马特的销售演示，有好有坏，也有做得看起来较丑的，我都一一说与他听了。我们还一起讨论了一些看似微不足道、却会妨碍他与买家建立信任关系的一些细节。

我们花了两个小时来探讨这些反馈意见，并通过角色扮演来说明，不同于他在会议期间行为，究竟应该采取怎样的行动。我并非在一味地消极批评，而是建设性地批评，我在教他如何成为一名更好的销售员。我对那一天印象十分深刻，因为当我们结束了长达两小时的讨论之后，马特看着我说："从来没有一个人花时间给我解释这些。谢谢你。"看得出来，他是真的非常真诚地感谢我的反馈意见。从此，讨论每次的电话销售情况成了我们例行的公事，就像在进行任务简报一样。请注意，我和马特相隔 5000 千米，因此沟通是至关重要的。我们讨论的内容包括 3 个简单的阶段，同时我们也在进行任务规划：售前准备，实际会议和后续销售任务。基本的海豹部队任务计划异曲同工，同样由 3 个阶段组成：深入了解情况，对目标采取行动，提取行动要素。

　　请试着猜一下情况如何。马特改进了每一个销售"任务"，这正是我们独有的接触性实操！我们养成了一直渴望学习新知识和避免重复错误的思维模式。在接下来的 6 个月里，马特的销售量涨势惊人。我给了他好几个地区的销售账户，在跟进进度时我们发现，每个账户的额度都增加了。当我们在加利福尼亚宣布大功告成时，马特则用扬声器大声向整个西海岸团队宣布他成功开启的新账户。

　　随着销售责任的增加，马特的教育知识也有所增加。据我所知，我应该是健身产品零售行业唯一持有有效健身教练资格证书的销售代表。我觉得因为自己是在销售健身产品，我应该成为一名有资历的健身教练，这样才能教会购买零售产品的客人选购产品，因为大多数购买健身产品的人，对其分类几乎一无所知。很早之前，在"完美俯卧撑"辅助健身器还没上市之前，我就获得了健身教练资格证。我之所以能够帮助买家们了解产品设计的亮点和功能优势，证书发挥着至关重要的作用。获得健身教练的认证耗资巨大，而且十分耗时，每年都需要接受一次场外培训。因此我认为在培养马特成为一名销售员中，赋予他权力的旅程中，这份资格证书将是完美的下一步计划。马特的表现不言而喻。由于同关键顾客建立了信任关系，每一个由他负责的账户都增长了两位数，有些账户的数字甚至如爆炸般惊人，销售额翻了一番。更了不起的是，马特十分愿意额外花时间来准备个人培训资格证考试。他的信心与日俱增。几个月之后，他通过了最后一门考试。

那么接下来呢？马特的状态更好了，人也自信得多，甚至时不时还有点小骄傲，但他已经不是 3 年前的"吴下阿蒙"。英派斯的高管也注意到了马特的变化。这 3 年来，马特负责培养了公司的销售团队，帮我们征募了新人，并最终成了"完美健身"的销售代表。

我之所以举这个例子，不是为了拍着自己的胸脯，居功至伟，而是为了向大家说明教育队员、让他们具备能力、让他们参与到工作之中所带来的力量。你同队员们待在一起的时间（这时请将你的注意力仅仅放在他们身上），会向他们显示出你对他们本人的关怀，对他们成败的关注。我常常告诉马特，我在训练他，这样他就可以取代我。他不愿意这样想，推辞道："我怎么可能取代一个公司的创始人呢？"

"很简单，"我则会回答，"在工作中做得比那个人好就行了。"

在当时那样的情况下，马特并不相信自己能够取代我，但事实证明我是对的。我认真地训练他，给予他资源，培养他的能力，帮助他将所学知识和正在使用的资源结合起来，最终不负自己对他的信任。快结束时，我们进行的是我们特有的人工训练：我会一直对他的销售电话进行标注，还会观察他（其实是在向他学习）。马特之所以能够被赋予权力，正是因为他意志坚定，最终获得了成功。

闭环：让更靠近一线的人拥有决策权

作为领导者，你应该负责闭环，负责在成员们之间架起桥梁，负责让他们处于正轨。你可能会用到各种方法（比如沟通、渴望、评估、认可、设定目标、教育等），但是这些行为背后的用意不变：赋权，让他们到达比想象中更远的地方——很多时候，你本人也会因此收获超乎想象的成果。营造赋权的文化氛围具有挑战性，因为领导者需要放权，这样其他人才能上前一步，做出决定并掌控权力。对于那些骄傲、自我、自私、缺乏安全感的人来说，同他人共享权力简直是闻所未闻的无稽之谈。**不过，很有意思的一点是，你赋予他人的权力越多，反过来自己得到的权力回馈也更多。这种回馈的形式有些不同，但同时也更具有力量：感恩。作为领导者，你所扮演角色在于引导员工们充分发挥最大潜力。**无论 "关怀" 循环的哪一阶段，循环圈内的要素都是相互依赖的，而这一循环的最终阶段是将团队从自私转变为无私，促使一群单独的个体组成一支联系紧密的团队。

大多数人肯定都曾因某些人做了某件超越其自身意义的事情，而从中获益。大多数人会对这类人表示钦佩，为他们无私的行为表示感激。然而，大多数情况下，团队领导者却难以承认这类无私的行为，更别说讴歌赞美了——这就是为什么赋权是如此脆弱难得。**在适当条件下，赋权能够循序渐进地稳步实现；然而，当团队成员将成就和奖励视作稀缺资源，一门心思地积攒奖励和成就时，赋权行为会迅速归零。只有当你不再吝啬于向队员们表示关爱与认可，而是渴望成为一名向周围传播关爱与认可的领导人时，你才能真正建立起一支团队，而不是领导一群自私自利的专权者。**

我们每个人都有优缺点，但总有些人比其他人更有名望，仅仅是因为他们有出类拔萃的特质。超级巨星之所以令人着迷，正是因为无论在现实生活中，还是在潜在的竞争领域里，他们似乎一直是制定规则的人。篮球队和足球队中尤其常常发生这种情况，整个团队可能以一两位极具天分的超级巨星为中心建立起来，他们总是能成为全场关注的焦点，总是能获得额外的奖金津贴，而团队中其他人存在的意义似乎只是为了成就超级巨星。在当今这个为媒体疯狂的世界，超级巨星的模式十分奏效，销售运动衫和体育纪念品是维持利润丰厚的体育特许经营至关重要的部分。在金融服务行业（明星交易人才或股票大牛）、医药行业（主要是外科医生）、创业公司中（企业家／发明家），道理也是相同的。

然而，试想一下，随着时间的推移，结果会如何——不太好：想想安然（Enron）、雷曼兄弟（Lehman Brothers）、西拉诺斯（Theranos）。某些时候，团队中可能确实需要一名超级巨星，但如果团队中的每个人都具备成功必备的技能和敏感度，那不是更好吗？曾有多少次你发现一支由巨星组成的球队反而缺席冠军赛？就企业界而言，曾有多少次我们目睹了一个公认的天才拖垮或毁灭掉整个公司的情况？

由明星驱动的团队也许能制定出速效对策，但这样的团队往往最终都会长期挣扎在泥沼之中。为什么？因为这样的团队不是建立在无私和赋权的基础上，其建立基石正好相反。尽管让团队中的每个人都贡献努力，让每个人都能觉得拥有最大限度地追寻目标的权力——建立一支这样的团队固然不易，但这样的团队一经建成，往往更加持久。在这样的团队中，成员们通过情感共鸣、追寻目标、相互尊重、赋予权力能够获得心灵的平静——正如伍尔登教练鼓励成员们的那样。

人们总是很钦佩那些能飞身跃上高楼，或在大屏幕前游刃有余，抑或凭借个人魅力折服董事会的人。然而，闪闪发光的流星总是转瞬即逝，这样的明星效应还会诱使其他队员变得自我满足或愤世嫉俗。更糟糕的情况是，剩下的人也许会离开团队去寻找一个可以锻炼才能、有机会施展全力的新"用武之地"。历史证明，超级巨星并不适合一支惯于赋予权力的团队。

斯坦利·麦克里斯特尔上将（General Stanley McChrystal）在《团队之队》（Team of Teams）一书中举出了一个具有启发性的例子。上将详细叙述了自己成为领导者的生涯，其中他提到了自己的"审判日"——有一天，他突然意识到自己才是团队的瓶颈所在，自己正在阻碍团队的进步。一直以来，他所遵从的体系一直要求他的下属在做出任何决定之前都需要征得他的同意。这是典型的军队中指挥与控制的体系，信息向上传递给决策者，再一级一级向下传递给战场上的战士。恐怖分子在决策过程中却没有类似的种种束缚，最底层的恐怖分子在战场上也能自己自主决定，这样一来，他们能够更加迅速地做出回击，撤退的速度也会更快。

曾经让美军在战场上占据上风的组织结构，如今却被证实是一种负担。麦克里斯特尔将军身为美国联合特种作战司令部（JSOC）的指挥官，会计算每月执行任务的数量。当他于 2003 年首次接管美国联合特种作战司令部时，部队平均每月进行 16 次特别行动任务，其中包括打击伊拉克和阿富汗的恐怖分子；而敌人每月发动袭击的次数却是美国联合特种作战司令部的 3 倍，并且敌人的行动是分散的，当地的恐怖分子头子有权随意地发动和执行袭击。

毋庸置疑，美军队员更加训练有素，装备也更加精良，但是他们却不像敌人那样被赋予了自主行动的权力。为了打压恐怖分子的嚣张气焰，扭转局面，麦克里斯特尔将军冒着重大风险。他不再遵从传统的命令控制式协议，而是开始同7000 多名特种部队队员，以及他们的支援团队共享原本有级别之分的敏感信息。上将会对每日的最新信息进行更新，并通过闭路视频源在全球范围内进行分享。一旦队员们了解了他所了解的内容，那么他就可以通过调整批准任务的环节，让队员们更快执行任务，这样完全可以将决策的责任推及中校层面——决策权下放了 5 个等级！麦克里斯特尔将军的理由很简单：他手下的领导者们不仅有着与自己相当的知识水平，还更加接近战场，清楚实际情况。当然，也不是这些领导者想要执行什么任务，上校就会有求必应、放任自流。麦克里斯特尔将军设立了一个简报环节进行每日互动，各个战区的指挥员都会负责汇报情况，这个环节打开了大家"良好互动、共同参与"的大门。互动的关键不在于"是谁"，而在于"是什么""怎么样"；互动首要任务在于分享有效经验和失败案例，以及如何更加顺利地完成任务。

麦克里斯特尔将军认为自己扮演着园丁的角色，他的工作就是不断地进行除草和修剪，让植物（下属领导者们）能够成长和发展。自此，美国联合特种作战司令部每月的任务量飙升至 300 多件。在新的赋权体制之下，麦克里斯特尔将军的团队仅仅花了一个晚上，就完成了过去需要花一个月完成的任务。更重要的是，他们的改变也为战况带来了积极影响。由于信息畅通，特殊作战部队不仅可以迅速做出反应，而且还能够预测敌人的下一次袭击地点。截至 2008 年，麦克里斯特尔将军离职之际，他的"团队之队"致使战地恐怖分子的数量锐减。

此外，赋权不仅仅适用于决策。当今时代，令人头晕目眩的创新速度促使各大公司开始思考如何更快地接受变化，加快创新速度。就像麦克里斯特尔努力对抗权力分散、武装精良的敌人一样，如今的公司也面临着类似的挑战，敌人的名字叫"竞争对手"，所谓的竞争对手主要是一些善于赋权、拥有高技能人才的小型创业公司，这些新型公司正在重新定义商业格局。随着高速网络和无线连接设备的出现，如今的我们能够比以往获得更多的数据和信息。获取访问和信息分析不再是创新的瓶颈，相反，真正阻碍企业发展的是其内部的结构体制。

2017 年，在芝加哥举办年全球首脑会议上，思科（Cisco）的前任 CEO 约翰·钱伯斯（John Chambers）解释说，如今互联网连接设备几乎无处不在，其数量只会有增无减，预计将从 2017 年的 170 亿增加到 2027 年的 5000 亿……他表示："信息将以前所未有的方式传入你的公司。在公司组织中，决策权将以更快的速度进一步下放。"

这也是麦克里斯特尔将军在战场上面临的挑战。上将通过向团队中的领导者赋予权力和责任，最终克服了这一挑战。企业团队将同样需要这样的改变。咨询公司"最佳职场研究所"（Great Place to Work）最近发表了一份研究文章，明确解释了企业组织如何适应即将到来的连接设备大爆炸的时代，并解释了如何对经过这些设备的数据进行分析。该公司的建议很简单：让每个人都参与创新！不容乐观的是，研究者们发现仅仅只有几家公司正在赋予团队权力，做出一些改变。

你认为这些公司怎样才能让每个人都参与到创新中呢？像文章里说的那样，这些公司是"如何利用公司中每个人的智慧、技能、激情来最大化公司的人力潜能"？这些公司通过与员工们建立关系来实现改变。在这种关系中，信任、指导、尊重、赋权统统是强制性的必选项，而非可有可无的。"最佳职场研究所"呼吁将这一促进创新的理想方法推而广之。我则称其为赋权。

在本书中，我一直强调"关怀"循环是永无止境的，而这一循环对所有具备不对称优势的团队而言，都是必不可少的。在第七章中，我想通过展示直系团队之外的所有成员及利益相关者来帮助你拓展团队的定义，这些成员和利益相关者可以对你的任务产生影响，做出贡献，并且赋予权力。任何一支团队都不可能在真空中运作，一支团队只有在获得他人帮助的情况下，才能取得伟大成就。

第七章

盟　友

通过"关心"激活不对称优势

ACTIVTING THE 10x ADVANTAGE

　　CARE 循环不光应该在团队内部使用，任何领导者都应该致力于将在更大的范围中发挥其效果。围绕核心目标，将各种连接变成杠杆，让团队超越既有的组织边界，这样就能动员更广泛的外部力量。团队成员、顾客、供应商……当所有人都由衷希望既定目标能够实现，并愿意施予援手的时候，你的团队就将所向披靡。

　　我在前四章解释了如何通过"关怀"循环来建立并领导一支具有不对称优势的团队。现在可以扩大我们对团队建设的讨论范围，谈一谈那些对你的团队成功能做出贡献，或受到你的团队影响的其他成员和利益相关者。一门心思只注重自己团队的运转会带来一种风险：你无法注意到其他人会对你的团队进步造成伤害或损害。团队的定义可能超过了你最初的认识。

　　你可能不清楚如今只有不到1%的人在军队服役，但是他们却不是唯一一群为这个国家服务的人，因为军队依靠的是数百万普通民众的双手、头脑，普通民众为军人们制作制服，准备伙食，在科学技术方面取得突破创新，促进了军备的发展，进一步保证军人们的安全。不管是执行任务还是制造新产品，没有一支队伍能够独自完成一切。事实上，如果一支队伍能证明其对人的真诚关怀，那么队伍付出的努力将会得到呈指数型增长的回报，我称之不对称优势。

无论是战场上，商场上，还是社区团体中，都不难发现这种不对称优势。在商场上，当小型的公司面对规模巨大、资金充足的竞争对手时，人们常常不难发现这种"不对称竞争优势"。**就我个人经历而言，不管是在海豹部队、创业公司、公益组织，还是在社区行动小组，都遇到过这样的情况：一小群人组成的团队战胜了规模远胜于它的对手，并获得了巨大的收益。在以上种种环境中，我们让团队内部与团队外部盟友的行动一致，让团队成员共同为目标努力，这样一来，不对称优势就被激活了。**

服务意识：不要把别人当作自己的工具

请想一想这个关于亨特 (Hunter) 和布鲁克 (Brooke) 的虚构故事，两个人于同年降生在一个树木繁茂的滨海小岛上，就读于岛上的同一所学校，临近毕业时，他们都决心成为住宅建筑师。亨特和布鲁克居住的岛屿有非常严格的建筑规范，因此他们建造出的房屋外观基本相似。由于房屋相差无几，招徕客人实在不轻松，并且岛上居民都清楚一幢房屋的成本是多少，二人也无法在价格上进行竞争。

两个人刚刚开始做房屋生意时，亨特凭借着自己在学校的知名度，很快就拥有了更多的潜在客户。亨特一直是学校足球队的四分卫明星选手，曾被评为他所在的毕业班上"最有可能成功的人"。他开朗外向，魅力十足，喜欢自我营销，交游甚广。布鲁克则恰恰相反，他曾参加过越野赛跑，矜持保守，交友圈子不大，他喜欢利用空闲时间探索岛上的森林，绘制草图，做做木工。除了职业相同，亨特和布鲁克仿佛两个极端。当大家听说两个人都成了房屋建筑师时，都心照不宣地认为亨特一定会是成功的那个。

亨特的名气延续到了他的事业之中。他向每个愿意听他说话的人透露，自己的房子要比布鲁克的好。他雇用的员工都比较能忍受他惹人瞩目的性格，亨特很享受这种感觉，他就喜欢挑选那些让他自我感觉良好，只做他所吩咐的事情的员工。他必须让他的员工们明白，能够同岛上最厉害的建筑师工作是多么幸运的事。在和客户见面时，亨特大谈特谈，不断提醒客户他有多么优秀，一再向客户强调关于建房计划只用听他的就够了。他坚持要求同客户们在他的办公室里见面，因为办公室的墙壁上挂着他的各种精心装裱的奖状和证书。他希望客户们能意识到他是多么卓著不凡；当然，在选择供应商时，他依然秉持这一态度。他非常确信，员工和供应商是在为他服务，而不是反过来让他服务于人；当社区希望他抽出一点时间为当地的建筑项目帮帮忙时，他总会委婉拒绝，声称自己实在脱不开身。

布鲁克的方法则大相径庭。他全心全意专注于他所谓的房屋建筑艺术。他清楚岛上有不少技艺娴熟的人比他更了解如何建造稳固的滨海住房。对他来说，建造房屋是一个三维拼图，涉及选址要求、当地生态需求、客户需求。在同潜在客户见面时，他会约在客户想要建房的地点。他总是少说多听，而当他开口说话时，通常是问一个问题。他所雇用的员工，是对建房过程中的某些要素怀有真正热情的人。他聘请了一位喜欢用石头雕刻的雕刻家，一位喜欢在酒瓶里建造木制帆船的建模师，一位为木材厂精心挑选木材，绰号为"树语者（Tree Whisperer）"的原住民，以及一位园艺师。这位园艺师总是在品尝过泥土的味道之后，再决定这个地方应该种什么植物。亨特戏谑地将布鲁克的员工称为"水果头头和坚果头头们"。

两个人采取的截然相反合作方式最终导致了迥乎不同的结果。亨特要不就是在谈论自己，要不就是在抱怨找不到好的供应商和优秀的员工。他一直标榜声称，要不是因为自己，那些供应商早就失业了；他总是能在供应商供货期间挑出毛病，还常常威胁他们，称要以海外供应商取而代之。亨特不怎么和供应商讲话，一旦讲话就是变相地问一个问题："你最近都为我做了些什么？"他要求办公室的员工不断地向供应商施压，好拿到折扣。哪怕是最微不足道的一点儿延误，他也总能变着法儿找到理由来惩罚他们；他对待员工也如出一辙：员工们就是为他卖命的；同样地，他总是留不住优秀的建筑师。他需要不停寻找替代品，来代替那些要么是自愿离开的，要么是被他视为"失败者"而解雇了的员工。他常常雇用那些在岛上生活时间不长，对他的声名还鲜有耳闻的新工人，而这些工人对滨海房屋的建造技术几乎一窍不通。

布鲁克处理各种人际关系的方式完全相反。他会到供应商的办公室拜访他们，逐步了解他们的运作模式，熟悉那些将会直接与他的同事合作的对方员工。他将供应商视作他的

工作团队的延伸，并将了解供应商的健康状况当作是自己的
事来关心。他从来不会抱怨供应商。

恰恰相反，他从来不会放过任何一个机会来感谢他们为
他提供了所需产品。他像对待自己的同事那样对待供应商，
将他们视作自己房屋建筑团队的一分子。有一次，他的木材
供应商遭遇了一场毁灭性的火灾，供应商的可用库存尽数被
毁。布鲁克下定决心不让供应商破产，于是他向这位供应商
预定了下一批木材来保住他的生意，要是这种事放在亨特身
上，他肯定会抱怨失火造成的不便，转头便向一家海外供应
商预定木材。

布鲁克将他的员工视作匠人和艺术家，对他们更是信赖
有加。他自知在专业方面永远难以达到他们的水准，但他喜
欢向他们学习，也鼓励大家无论是在公司里，还是在海岛外
都要相互学习。布鲁克不断寻找方法来进一步提升自己的技
艺，丰富自己的技能。布鲁克的员工流失率非常低，这一点
儿也不奇怪。就算他得跟某位员工告别，多半也是因为他帮
助他们找到了理想的工作。他很清楚，自己的公司并不能为
所有人都提供一份理想的工作，但这份工作的确可以成为他
们下一份工作的踏板。因此只要员工们承诺愿意帮助他——

就像他尽心帮他们的那样，他是很乐意扮演这样一个角色的。

在与社区合作时，布鲁克的风格与亨特的正好相反。他支持工人们参加社区项目的建设，很少拒绝。他亲自设计了小镇的凉亭，手下两名工人利用休假，花了比预期更短的时间完成了凉亭的建设，这令社区里的居民都十分欣慰。他和员工们还帮助改造了当地小镇的船库，可以用来举行从教小孩航海和充当造船工作坊等各种社区活动。他常常告诉员工："我们的社区就如同一个花园。我们对社区的照料越多，得到的回报也就越多。"布鲁克还发起了一项活动并一直持续，他每年都会种下雪松幼苗来更新岛上的雪松森林，这一行为也进一步支撑了他的花园理论。他无法为工人们的植树劳动支付相应的薪水，也不会强制要求他们在春天的第一个星期六加入他的植树队伍，但大多数人都参加了植树活动。布鲁克很喜欢这个春季种树的活动。随着口口相传，越来越多的人加入了布鲁克的植树队伍，其中不少人是他的供应商，还有学校的孩子，以及许许多多镇上的居民。

两位建筑师都有自己的一套方式来庆祝新房的竣工。亨特的庆祝方式比较铺张奢侈，他会带领大家进行一趟家庭旅行，这样他就有机会炫耀自己卓越的工作了；布鲁克团队的庆祝仪式则相对简单，他们称为"关键仪式"。布鲁克没有像亨特那样雇用一家餐饮公司，而是和同事们一起亲自主持庆祝仪式，提供自制的开胃菜和饮料。他的工匠们会轮流解释自己在建房过程中扮演的角色。布鲁克的庆祝之旅以向参与了建房的供应商和公司职员介绍新房主收尾。

布鲁克谈话的内容永远不是关于自己，而是在赞美那些他有幸合作的工人们。关键仪式总是以同样的方式结束："树语者"会主持一场本土的仪式，祝福这幢新房，也祝愿它的居住者们健康幸福。在仪式的最后，这位木工工人会打开他的工具箱，制作一个小的雪松木盒，然后将盒子交给布鲁克。布鲁克解释道，每位参与建筑这间房子的工人都在盒子外面签了名。盒子里面则是新屋的钥匙。当他将这个盒子交给它的新主人时，他总会补充一句："从我们的手里交到你们手里。我们很荣幸能帮您建造房子，现在轮到您来打造您自己的家了。"仪式的最后常常是让人十分感动的拥抱和欢乐的泪水，因为无论是客户、供应商，还是工匠们，都很喜欢这间新房。

亨特时不时会听说布鲁克的关键仪式和雪松树苗的活动，他嘲笑这些纯属浪费时间，断言肯定是他的庆祝仪式更好。说实话，关键仪式和春季植树日都并非布鲁克的主意，许多这样类似的主意都来自他的工人们。不过，他总能很快地认可大家的想法，也愿意虚心向他人学习，一起实践这些新点子。就算其中某个点子失败了，他也很快会说："如果我们能从失败中学习，那就算不得失败。"

渐渐地，亨特越来越难吸引到新客户，而布鲁克的生意却蒸蒸日上，请他建房的客户都列起了一个等候名单。一开始他不懂自己怎么一下子有了这么大一批客户，因为他都没有做广告宣传。其实，他的大部分新客户都来自屋主们、供应商们、工人们，以及社区居民的口碑推荐。

过了一段时间，布鲁克的业务数量变成了亨特的 10 倍。亨特的唯一客户是几位刚刚上岛，急着找一个住处的外来居民。布鲁克不仅仅拥有了更多客户，这些客户还希望人们知道自己的房子是由布鲁克和他的团队建造的。其实很具讽刺意味的是，因为亨特创业时将公司取名为"亨特之家"，而布鲁克则取了"沿海之家"的名字。顾客们只要认识了布鲁克和他的团队，就希望更多人知道自己的房子是布鲁克建造的，是一幢"布鲁克之家"。"布鲁克之家"被用得太频繁了，布鲁克不情愿地改了公司的名字，但出乎他的意料，在一次圣诞节上，他的一位工匠雕刻了一句标语："布鲁克建筑师们打造的沿海之家。"一位客户当着几位工匠的面问他,"布鲁克建筑师"是什么意思。布鲁克的脸唰地一下红了,不知道怎么解释。他的几位工匠齐声应道:"意思是我们在用心建房。"

亨特想不通自己的生意怎么会在展现出一片光明前景时输得一败涂地,而布鲁克的生意却如日中天。毕竟,他们二人的业务相差无几。为什么布鲁克的事业会如此无往不利?为什么他的生意量是亨特的 10 倍?

扩大圈子:助人者人恒助之

这个故事的要点显而易见:具有不对称优势的团队建立在人际关系的基础之上,但这些关系不仅仅指那些与你视线平齐、权力相当的人之间。同样值得注意的是,最佳的团队建设者不一定是最活泼外向的人——不一定是那些"最受欢迎的人"。**高调张扬,魅力十足的人可以是很不错的团队建设**

者，而那些低调内敛、交流时更倾向于深思的人也一样可以被称为"了不起的领导者"。

现实生活的亨特们期望人际关系能变成单行道。布鲁克们则将人际关系视为双向的高速公路，车道众多，也有不少为其他人际关系设立的入口。布鲁克在做任何一笔生意的过程中，在与所有利益相关者相处的过程中都利用了"关怀"循环，这一布鲁克式团队建设法为他赢得了不对称优势。他很清楚，成功的关键在于扩大团队的定义，他的团队不应该仅仅包括他的员工同事，还应该包括其他的相关人员：顾客们、供应人员（供给者和供货商）、社区居民（包括小镇的人、学校，以及为这个滨海小岛带来活力的当地组织）。如果你真的像布鲁克那样，扩大团队的边界，将你的顾客们、供应人员、社区居民都纳入你的团队之中，那么你成功的概率将会以指数式增长。即使不是那些一锤定音、扣动扳机、进行销售的直接或关键性人物，而是其他人感受到了与你的团队之间的联系，情况又会如何呢？他们会心甘情愿进一步大力支持你，因为他们清楚，你的成功就是他们自己的成功——因为他们是团队的一分子。

助人者人恒助之，听起来很合理吧？然而，常识性的问题却未必具有普适性，特别是当一个人的自我、财富、名声遭受威胁时，简单的道理似乎也说不通了。不管你组织团队的用意在于赢球得分，还是在于取得投资回报，团队建设的重心总是很自然地倾向快速取胜，因为要想赢得长期目标就需要提出不同的观点，深入思考，有时候还需要勇敢地迈出自己的舒适区。**当过分重视同某一位支持者的关系（通常是顾客），而忽略了其他支持者时，团队就会变得片面狭隘，厚此薄彼。之后，团队建设的目标和资源就会全部围绕着一部分人，仅仅投入某件事，只要这群人或这件事能够正中鹄的，其他的所有人、所有事对于这个团队来说都变得无足轻重了。**

这种"客户等于一切"的问题就在于忽视了另外 67% 的关键队友，而恰恰这群人能帮助你赢得更多客户。创业公司往往因为优先采取这种凡事"以客户为中心"的运转模式而变得声名狼藉。我明白。我曾经也有过创业公司，我很清楚"赢得顾客"是多么重要的一件事。然而，这种在创业初期用以获取客户的方法过于简单粗暴，很可能并非长久之计。如果你想扩大企业规模，你就必须让所有的外部队员都加入进来，而不仅仅是目前的顾客。

团队外部的 3 个支持者包括顾客、供应商、社区居民，他们都能使团队的努力效果成倍增加；当你将这些支持者也纳入你的"关怀"循环时，你就会知道，成为一支更庞大优秀队伍的一分子、取得更骄人的成绩是何种光景，而这是一支孤零零的团队单枪匹马无法实现的。

1965年，布鲁斯·塔克曼（Bruce Tuckman）提出了一种团队理论，描述每个团队会经历的5个发展阶段或进化阶段。这一理论解释了一群个体如何转变为一支专注于集体目标的团队。这一理论颇有用处，我大致同意他的结论。不过，就我的个人经历而言，这一理论还不够充分。问题的关键在于人们经常将一群独立的个体同一支团队混为一谈。具备不对称优势的团队不是由意气相投或经历相似的个体东拼西凑组织起来的群体，其意义远大于此。整本书我都在努力阐明一个道理：具有不对称优势的团队情感相通，抱负相同。尽管如此，在建立一支具备不对称优势的队伍的过程中，我们还是很容易早早就面临窘境，这时你可能误以为自己已经拥有了一支"足够优秀"的队伍。不过，可悲的是，大多数人对此习以为常，这也是为什么这么多团队会变得如此愤世嫉俗，容易自我满足，这样的结果实在令人惋惜。如果你对自己付出的努力感到十分满意，我想说：还早，别急。在我看来，从一群个体转变为具备不对称优势的团队需要经历5个阶段。

大多数领导者带领的团队还没有通过第一阶段，可千万别成为这样的领导者。

以下是我对这 5 个阶段的具体定义。你可能注意到了，我没有将解散团队纳入其中，本章的最后我们将回到这个话题上，因为解散团队的正确方法只有一个，而错误方法数不胜数。

阶段一：联系小组。通过基本的联系元素激活一群个体是所有环节的起点。崇尚模仿的领导者认为，通过电子邮件发布信息、强行举行的会议来宣布每日实时更新的信息，就是真的在进行交流沟通、在领导团队。在这一阶段，团队之间的联系依然很薄弱，沟通对话是非私人性质的。大部分谈话主要由领导者完成，谈话使用的人称是"我"或者"本人"。领导者们倾向于对直接下属事无巨细地进行管理，而直接下属主要关注的内容则是"管理"。可以预见的是，赋权根本就是天方夜谭。

阶段二：指导小组。从第二个团队建设阶段开始，团队的注意力将转向团队领导者确定的目标。这可不是我所谓的势不可当的领导力。因为告诉别人去做什么事不是在领导，而是在管理。我至今还没听到一个人说："我喜欢被管理！"
指导小组由一个专制的人联系在一起，这个人会花大多数时
间来告诉其他人该做些什么、怎么做。在这一阶段，指导内
容是已知的、可衡量的、可实现的。这时，对失败的恐惧很
常见；成员们往往也只会关注那些分配给他们的具体任务；
信息是在知情的基础上传播；而问责制并不常见。在这样的
团队中，下属忙着取悦上级，领导们提起下属也并不是因为
真的发现了他们的什么错误。

　　阶段三：尊重的团队。从这个阶段开始，团队建设算得
上是真正有所进展了。当团队发展到这一阶段时，团队中的
成员们会感受到彼此之间情感相通，并开始认同这支新兴队
伍。这时他们开始在为实现目标而投入智慧，促进团队的进
步；领导者们也会有所转变，通常会寻求群体成员们的意见，
往往表现得坦率而亲切，带给团队成员们被包容感和安全感；
领导者们听得多，说得少，给予团队成员更多时间来相互分
享见解和经验；整个小组和领导者的发言称谓更多地变成"我
们"和"大家"。

　　阶段四：赋权的团队。团队建设的第四个阶段在于控制
并善用整个团队的注意力和努力。团队领导人开始将决策权

和权力下移交给团队。在相同的联系、实现、尊重和赋权的价值观基础之上，团队中的无私行为会成为常态，并且团队开始同外部的相关人员建立相似的联系；成员们秉持同理心，沟通坦诚，谈话的语调开放而友好，经常展开自由辩论；新队员的付出能够得到重视，大家都能够勇敢坦诚自己的错误；问责制较为常见，团队成员的贡献常常能够得到正式或非正式的认可（大多数情况下是非正式的）；在这一阶段，通过外部训练、内部训练、在职培训，领导者主动设法提升成员们的技能；新的团队成员同经验丰富的老成员合作，成长学习的速度加快，同时也会受到老成员的鼓励；领导者将决策权交由团队，使得所有成员都参与关于其职业发展、个人发展的开放式讨论。

阶段五：不对称优势（又称为 10 倍优势）。这时，我们已经达到了团队建设的金字塔尖。"关怀"循环成为一部运转良好的机器，团队成员努力在与外部支持者交往的过程中，践行这一循环；整个团队的表现发挥到了从未有过的水平，成员们享受一起工作一起放松的时间；成员们对彼此的承诺、对目标的投入通过口碑相传而影响广泛；领导者虚怀若谷，内心温暖而富有幽默感；由于供应人员、顾客、社区居民的支持及参与，团队行动的力量更加强大，同时也得到进一步改善。以上团队的三方利益相关人员会定期向团队反馈情况，提供新的想法，支持团队去实现目标，并参与团队取得成功后的庆祝活动；大家表示出对彼此的热忱，甚至是关爱，希望下一次能继续愉快合作，携手追寻更宏大的目标；团队树立起卓越的名声。潜在的新成员、新商业合作伙伴、新顾客、新的社区成员都排起长龙期待加入团队。

　　这样的场景听起来似乎令人有些难以置信，但我能很确定地告诉你，其实这并不夸张。不过我也不得不承认，这样的情况实际发生的概率确实相当低。很遗憾，大多数领导人都安于第一和第二阶段，他们不曾意识到如果自己能带领团队成员完成这 5 个阶段，成员们将会迸发出怎样的能力。大多数领导者们只是在"管理"员工，确保他们完成了任务，取得了还算令人满意的结果。这些员工们完成领导定义的工作，按照领导的指示行事，准时上班下班，再继续投入下一个任务。领导者（其实表现得更像是管理者）耗费了大量时间来规避风险，管理统一，保持员工的一致性。一切都很好，但得到什么时候才能"足够好"呢？

第 12 名球员效应：充分借助于各种外部力量

　　请思考一下西雅图海鹰队是怎样创造不对称优势的。显然，因为海鹰队是一支职业足球队，教练可以挑选出最优秀的选手来参加比赛。联盟中的其他每位球员也都很优秀（注：这里指美国国家足球联盟）。不过，海鹰队的故事之所以值得关注，是因为他们通过完成更多事情，从而发挥出不对称优势：他们邀请顾客、供应人员、社区居民一同加入他们的团队——这些人成了"第 12 名球员"（美式足球场上双方分别只有 11 名球员。）如果你花一个下午开车在西雅图郊区转转，就能在旗杆和栅栏上，在悬挂在公寓、摩天大楼、仓库外的横幅上，甚至不管是在汽车的牌照、卡车后挡板，还是在卡车的挂接装置上，你都能看到"12"这个数字。自海鹰队主席迈克·麦科马克（Mike McCormack）于 1984 年 12 月 15 日退役"12 号"球衣以来，关于第 12 位球员的想法一直在改变。当时，海鹰队相对来说还是一支新人队伍，正在扩招，麦科马克决定邀请球迷和社区居民加入球队。微软亿万富翁保罗·艾伦（Paul Allen）在 1996 年收购了这支球队，第 12 名队员因此大受关注。在建造新的足球场时，艾伦要求设计师将声音系统接到足球场上，这样能将球迷们的欢呼声放到最大，他甚至还要求安装声音监控系统，来实时显示球迷们的分贝高低。这不过是这支团队用以接纳外部队友的部分策略而已。

效果十分显著。自 2002 年起，海鹰队在美国国内的胜率高达 68.75%。海鹰队的球迷因为极其响亮的呼声创下了两项世界纪录。球迷们最近一次的纪录是在 2014 年，声音分贝高达 137.6——不过就是暂时性的耳膜破裂罢了！第 12 位队员的效应令海鹰队的对手感到不安，由于粉丝们的呼声过高，客队因此出现了 130 次失误。另外，这一效应从商业角度来说也有好处。12 号球衣是美国国家足球联盟（NFL）中卖得最好的球衣。相关利益者通过开展生意来从外部支持球队，进一步扩大 12 名球员的影响；乔·塔夫亚（Joe Tafoya）开发了一个名为"12 音量"（Volume 12）的手机应用程序，借此鼓励粉丝和社区居民同团队建立联系；接着，希利亚德啤酒的联合创始人亚当·默克尔（Adam Merkl）和赖安·希利亚德（Ryan Hilliard）开始在 2013 年酿造一种名为"第 12 罐"（The 12th Can）的淡啤酒；另一群粉丝则创建了一个"委员会"来向团队提供反馈意见。大家的努力进一步增强了团队凝聚力。海鹰队树立起"12 位伙伴（12

Partners）"式精神，他们与当地非营利组织合作，来帮助西雅图社区一些弱势群体，其中包括贫困儿童和受伤的老兵。

海鹰队的顾客们、供应人员、社区居民以这样的行为响应球队：积极购票，致使海鹰队连续 127 场门票售罄，让海鹰队在联盟中季票持有者年度续约率达到 99%，成为续约率最高团队之一。

在战场上也不难发现不对称优势。记者道格·斯坦顿（Doug Stanton）记录了美国陆军特种部队（绿色贝雷帽）部队中，一支被称为"A 类特种作战分队（ODA）595"的部队在阿富汗执行的军事行动。除了少数几位美国中情局准军事人员以外，"595"是第一支自"9·11"事件后，在阿富汗执行军事任务的美军部队。美国陆军 A 类特种作战分队由 12 名成员组成，他们的培训重点十分与众不同：建立人际关系。是不是听起来很熟悉？在这种情况下，这 12 名军人和"595"部队一起负责，同阿富汗的一个军阀协会建立关系。这些军阀被称为北方联盟，负责指挥大约 1.5 万名愿意并且能够打击塔利班的阿富汗士兵。当然，"595"也碰上了一些挑战，首先，并不是所有的军阀都愿意配合。其次，也是更关键的因素：敌人的队伍拥有超过 5 万名战斗人员，武器也更加精良。斯坦顿告诉《福布斯》："特遣部队的生死取决于他们能否同阿富汗队友们建立友好融洽的关系，与他们携手并肩，齐心完成任务。

"对待这些阿富汗队友，不是凌驾、自贬、疏远，而是并肩、携手、齐心。这是他们的信条。"

2001年10月19日，"595"部队通过直升机降落在阿富汗山区，接下来发生的事情堪称团队建设和团队行动的壮举。由大约350名陆军人员、100名中央情报局特工以及少数在上空进行远距离支援的空军轰炸机组成的团队，成功地与北方联盟进行了合作，摧毁了塔利班的重要据点。请想象一下这样的场景，代表着多样性的约500人美军小团队，成功战胜了规模是其百倍的队伍。当然，他们不是独自完成这一任务的，也多亏了由地方军阀的新兵组成的北方联盟，他们发现并瞄准了塔利班武装分子，在这次打击中发挥了关键作用。然而，如果"595"及美国中情局团队不具备建立关系的能力，这样的伙伴关系断然无法实现。

除非是关乎生死的，否则在其他任何可以想见的情况下，不对称优势都是值得追求的。不管是像爱彼迎、优步这样的共享经济型企业，还是像易贝、亚马逊这样的客户驱动型零售平台，抑或像推特、脸书这样的社交平台，今天的每一支商业团队无论在团队内部还是团队外部，都必须建立健康良好的关系。确实，很难说清楚公司从何时开始建立一段联系，又从何时结束一段联系的，毕竟这些联系如此丰富多样，又相互依存。请仔细观察那些最卓越的公司，你可以从它们身上发现"关怀"循环的影子。很多时候，公司之所以能形成竞争优势，正是因为这些公司将不同支持者之间的相互联系、实现目标、相互尊重、相互赋权变成一个简单轻松的过程（这些支持者包括员工、商业合作伙伴、顾客、社区成员）。

也难怪像万豪这样的酒店机构已经切中要点，正在围绕"关怀"的理念执行计划。万豪的使命是"成为世界上最受欢迎的旅游公司"。让分布在 110 个国家约 6500 家连锁酒店中超过 17.7 万名相关人员——每年每天需要同时管理着 110 万间酒店客房，都执行相同的命令，这是将客户视为家人和朋友的挑战性所在。每年需要影响数以千万计的客人——这是一项艰巨的任务。虽然全球各地的文化习俗不同，但遍布全球的各大万豪酒店均努力完成的这项使命所体现的一个共性——对关怀的承诺。不过花哨的使命宣言也仅仅止步于此。正因为万豪常常在公司内部和外部合作团队中执行这一"关怀"循环，所以万豪赢得了不对称优势。它的方法在于，将公司的美好愿景同其"关怀福利"（TakeCare Wellbeing）项目结合起来。这种建立联系、实现目标、相互尊重、赋予权力的方法，源于90多年前公司创始人威拉德·万豪（J.Willard Marriott）和爱丽丝·谢兹·万豪（Alice Sheets Marriott）对公司最初的期望和宣言："关爱你的伙伴（同事），他们会关爱你的顾客，而你的顾客也会回来的。"

自马里兰州一个火车站的啤酒专营店出现起，沧海桑田，世事变迁，但万豪的指导原则始终没有改变。万豪通过实行"关怀"项目而变得更加正规，这个项目针对4类接受关怀的人：个人、不同阶层的工人、客户（所有者、特许经营者、客人）以及社区。"关怀"项目的内容包括：身体健康、情感健康、资信良好、职业良好，首先针对的是公司的员工。其实这也是正式版的海豹突击队格言——"我会对你鼎力支持"。"关怀"项目是一个全盘项目，首先在于帮助个人领导自我。这个项目还会给予员工们指导与支持，教他们理财，进行职业规划，以及如何领导他人。这一关怀理念延伸到了万豪酒店所在的社区。公司鼓励员工们参与社区延展项目，鼓励他们和外部的供应人员一起表达他们对家人和朋友的态度。最近，万豪又启动了一个名为"服务360"的计划，试图设法进一步将万豪的关怀理念延伸到公司以外的范围。"服务 360"包括四项行动：培育、维持、赋权、欢迎。该项目有具体的长期目标，比如他们承诺会在服务的社区内让 1500 万人完成 1500 万小时的志愿活动。万豪凭借真诚且始终如一的态度，致力于在其业务的方方面面提供关怀。万豪连续 20 年（1998～2017）被选为最佳工作场所并不出人意料，同时其市值也于 2018 年超过 1200 亿美元。

使命达成：让每个人为自己的经历骄傲

可能一开始，践行"关怀"循环的四种行为听起来令人生畏，但是完成这些行为将成为你最为宝贵的经验。这就是生活。如果你确实感到恐惧，请深呼吸，要知道在关心自我和关心他人的情况下，是允许失误和错误的。因为你被一个紧密联系的家庭包围着——不管你是不是真的同这个家庭有血缘关系、情感联系，或者同时具备这两种联系。我喜欢想起那些我关心的也关心我的人，并称其为"关怀小组"。我同关怀小组里的形形色色的人从一开始的相聚，直到最后的分离。数年之后，我依然相信，我们一直都会彼此相互支持，而那些不可思议的人同我一起经历的日子将会永远伴随着我。

这让我想起了团队建设中最艰难的部分：说再见。天下没有不散的筵席，一支团队也是如此。在团队建设周期中，解散团队，重建团队，更新团队，以及提升团队来应对其他挑战是一个自然过程。在实现目标后，几乎没有什么团队还能保持人员的完整。其实，哪怕团队处于巅峰状态，许多团队的成员也会轮换。

我想分享一则我在解散团队时学到的经验：让时间来治愈悲伤。对于许多刚刚成为团队的一分子的人来说，这样的体验是不同于以往的，因为他们同整个团队，同队友们在情感上是相互联系的，而失去这样的情感联系总是痛苦的。如果你的队友经历了暂时性的情境性抑郁症，就像临床医生说的那样，请不要感到惊讶。哪怕是因为好事而结束，哪怕前路有更多激动人心的时刻，每到结局时分，总是令人伤感的。

临近团队解散的时刻，请举办一场离别派对。为了让离别仪式给成员们留下更深刻的印象，变得更加私人化，请给每位成员分配不同任务，比如有人负责安排一顿便餐，有人负责收集分享照片、引语、有趣的故事，还包括收集和分享重要的里程碑事件。请让每个人都有机会道别，有机会表达感谢，有机会对这种体验进行赞美。如果有人哭泣，请不要惊慌失措，请你也伸出双手拥抱他人。最后，即使团队正式解散了，也不要不好意思同队友们保持联系，不用不好意思给予他们帮助。在海豹突击队的时候，我将帮助每位小队成员找到他们心仪的工作，或帮他们争取到他们渴望的机会，并将这些视作是自己的任务。对于有些人来说，帮忙推荐一个人只是一个简单的步骤，但是对于其他人来说，这可能意味着，帮他们重新定义他们的下一个角色。令我最骄傲的是有一次，我帮助一名二级士官手下的海员申请了海军将领的职位（这是专门为海军提供的机会，入选的海员可以成为军官）。

我们称这位海员为 KD，他最终获得了军官的职位任命；如今他已经是海军海豹突击队的高级军官，负责领导整支海豹突击队。同样地，当我的"完美俯卧撑"健身辅助器团队的成员决定离开我的团队、朝新的方向努力时，我也给予了他们一点儿帮助，为他们找到了可以加入的新团队。

哪怕已经实现团队目标，你对团队成员们的关怀也并没有结束。作为领导者，在解散团队的时候，你应该负责并关心团队成员们的出路。或许多年后，你会通过各种形式继续关注他们的幸福，比如为他们写一封推荐信，或腾出时间来为他们作面试参考。这种情况发生在以"关怀"为基础的团队中。你永远无法停止关怀。请猜一猜还有其他什么事发生呢？你给予队友的关怀会得到了传承，当他们开始新的团队建设旅程时，他们会对新目标也采用同样的关怀方式。帮助别人有所作为，进而使得自己也有所作为，再没有什么事情比这更令人满意的了。

结论

　　我成长过程中的首位亲密好友是我的祖母普里西拉·奥尔登·米尔斯，我喜欢叫她"奶奶"。她住在3公里外的一座农场里，农场里养着马、鸡、狗，种着一片菜园，还蓄着一个池塘，最关键的是，农场里有卡车和拖拉机。如果我离家出走，她的农场会是一个好去处。我生命中许多的"第一次"都和奶奶有关，比如第一次吃全黄油炒制的麦圈（我早餐的最爱），第一次开吉普车、卡车、拖拉机（其实是坐在奶奶的腿上，她控制着方向盘），第一次骑马，第一次跳进粪肥堆，或是当她在菜园里使用旋转式碎土机时，第一次帮她捡出大量碎石。

　　奶奶的精力相当充沛，总是忙个不停。我爱当她的助手，在她身边协助她。不过，我常常也会因此陷入某些尴尬境地，这时候我更像是犯了某些轻罪的共犯。到了秋天，我经常坐在她那辆绿白相间的福特F-100的后座上——看起来像20

世纪 60 年代的产品，趁着周末帮她捡别人落下的垃圾。

奶奶很喜欢侍弄她的菜园，秋天正是收集堆肥的黄金时节。因此，我们会在我朋友们住的街区比赛，在垃圾车来之前收集起地上的落叶。虽然我觉得捡落叶不过是稀松平常的周末活动，但惊奇的街区住户偶尔会误以为我们是在偷东西，他们会迅速跑出家门冲到奶奶的卡车前查看。虽然有时我会和奶奶一起做些疯狂的事，但有件事我却可以一直依赖她：拥抱。奶奶是个喜欢拥抱的人。

除了拥抱她的孙子们——我的兄弟安德鲁和我，奶奶还会拥抱她的狗（一共 10 只，大部分是流浪狗）、她的马儿。奶奶频繁的拥抱，让我习惯性地将拥抱变成了打招呼的一部分：先打招呼然后拥抱对方。在奶奶被诊断出老年痴呆之前，我很少细思过她的拥抱的意义。当时，我们全家人都尽了最大的努力，希望能让她记起与我们一起度过的时光。我在奶奶家的周围放满了我们一起疯狂冒险时的照片，并把我们的名字贴在上面作为提示，曾经有段时间这个方法奏效了，但是最终，她脑海中的这段记忆也消逝远去了。**幸好有一件事她还没有忘记：她对拥抱的反应。我搂着她时，她笑了起来，回抱了我。在奶奶最后的那段日子里，拥抱是我们唯一的沟通**

方式，而我没有让任何一次可以拥抱她的机会溜走。这些拥抱在她生命中最后的那段时光里变得意义非凡，因为它们提醒着我，即使奶奶的心智已经基本消退，但她对爱和被爱的直觉依然完好无损。这一信念对于我们所有人来说，都是一种支持。

你可能会觉得在海豹突击队里是没有可以拥抱的时机的，那么你肯定错了。我就是一个典型的拥抱者（感谢奶奶）。我们大家都是典型的拥抱者。是的，没错：美国最凶悍的士兵是喜欢拥抱的人——我们总是会伸出手大力拥抱。拥抱并不局限于海豹突击队，我曾经在美国的各种军队分支机构中都看到有人相互拥抱。你知道这其中的原因吗？因为我们爱彼此，说真的，我们爱着彼此。不知你是否同美国国会荣誉勋章获得者聊过天？我曾同几位获得勋章的英雄谈过话，他们对自己的英雄事迹给出了同样的解释：他们之所以挺身而出，是因为他们爱自己的队友，不想让他们失望。这个词又出现了：爱。

说老实话，我在海豹突击队的全部时间中，我根本无意为美国献身，但是，我却愿意为了我的队友们牺牲自己，并且我知道他们也愿意为我牺牲自己。并不是说我们不爱自己的国家——我们当然爱——但是，"美国"是如此一个宏大

而缥缈的概念，你和你的队友很难从个人层面上同这个概念
建立联系。在企业、运动队、慈善机构中也是同样的道理：
成员们很难将自己同一支可能代表着数以千计，甚至数以
百万计人的团队联系在一起。然而，你回想自己最艰难或最
值得骄傲的时刻，你可能会联想起你在童年时期、校园生活、
周末公路旅行途中、第一份工作中、其他工作中，又或者是
现在这份工作中，遇到的一些人，这时你突然意识到，在这
些不同的时期，曾有多少人给予了你支持与帮助！

　　提起这样给予你支持的联系，可能一开始你并不会联想
到像大学、军校、蓝筹公司、社区组织这样的机构，而那些
喜欢拥抱的人呢？他们是不可能忘记这样的联系的，因为团
队建设和团队工作都是私人化的体验，这样的体验关乎一群
性格迥异、嗜好不同、各有所长，同时也各有不足的人，大
家聚在一起做出一些了不起的事情，包括为非营利组织募集
资金，指导你孩子所在的足球队，将新产品推向市场，说服
银行将贷款延期，或者帮助追捕一名战犯。不过，归根结底，
团队的工作内容，其中也包括建立一支具有不对称优势的团
队所需的领导力建设，莫不过于关爱和多次拥抱：庆祝的拥
抱、安慰的拥抱、支持的拥抱（提醒朋友们自己一直是他们
的后盾），甚至还有任务完成时告别的拥抱。

　　一支团队要想完成这份工作并不容易。没有任何可用的手机应用能帮得上忙。那么该如何学着完成这样的工作呢？当然啦，你可以读一读这本书，试试从书中我和其他人的经历中获得些灵感，汲取一些经验。你可以尝试着在工作中和生活中践行"关怀"循环，借助这个循环圈来建立联系，实现目标，赢得尊重，赋予权力。不过，老实说，你可以先尝试一下，试一试这一循环会带给你怎样的感受。你要相信，自己已经完成了其中部分工作，也要相信自己已经做好完成这份工作的准备。你将敞开心扉，建立深入而牢不可破的人际关系，极大地使自己的大脑和内心得到满足。

　　我人生中最惊悚的时刻发生在海豹突击队的特种作战部队自由落体（MFF）训练期间，我需要在 4000 米的高空中完成我的首次跳伞训练。我并不是被这个高度给吓到了，因为之前我已经从飞机和直升机上跳下不下于 50 次。我害怕的是，这是我第一次背着自己亲手打包的降落伞进行跳伞训练。虽然之前我们已经进行过多次降落伞打包活动，但我心中的怀疑依然挥之不去，我始终觉得自己在打包东西方面简直一塌糊涂。我之所以产生这种感觉，是因为以前在海军学院检查房间内务时，差不多每一次我都一定不合格。说老实话，我在整理床铺这方面毫无天赋可言。我从来没法把床单折得同医院里的那样棱角分明，也不擅长把袜子叠成"笑脸"形状，也无法把毛巾整整齐齐地摆在我身边。

在清晨 4 点 30 分时，我攀着洛克希德 C-130 "大力神"的活动梯，俯瞰亚利桑那州尤马周围的山脉，同时看着旭日徐徐升至 4000 米的高空。飞机的引擎声音实在太吵，我们只有通过大声喊话，使用一些简短的词句和打手势才能弄清楚彼此的意思。我被跳伞的指示灯刺得睁不开眼。指示灯一旦变绿，就说明轮到我跳了。

"先生，转过身来，爬回梯子上来！"教官转头对我大叫起来。我按照指示，在自认为足够远的地方停了下来。

教官回应道："先生，把你的脚跟放到活动梯上！"

我慢慢地把脚跟挪到了活动梯的防滑面外沿。接着教官笑了起来，他看着我，大喊道："向下看！"

我一边努力用脚掌保持平衡，一边往右手肘边快速扫了一眼。

"非常高，是吧！"他问道。

　　我向他挤出一丝假笑——一点都不好笑。他接着抛出了一个问题："你会跳吗？"我缓缓地点了点头。

　　跳伞指示灯变成了绿色。"太好了，"他欢呼起来，"先生，你下半辈子都会知道怎么把降落伞打开了。祝你好运！"说着，他把我推下了活动梯。几秒钟之后，他飞到了我身边，咧开一张大大的笑脸，大声喊道："你现在会了吗？你有 60 秒的时间用来打开降绳！"

　　很高兴地告诉大家，那天我的降落伞成功地打开了，而接下来的大约 50 次跳伞中，我也都成功了，并且学会了如何打包自己的降落伞。降落伞一次次成功打开，我对打包的信心逐渐增强。

　　我之所以在本书结尾分享这个故事，有两个原因：其一，团队建设和领导团队非常像在进行第一次试跳——你正在跳入未知，虽然恐怖，但你终究是跳下去了；其二，我们每个人其实都背着自己的降落伞。

　　或许你从来都没有登上悬在 4000 米高空中的 C-130 活动梯，但当你面对一些任务时，譬如建立一支团队来克服看似不可能逾越的障碍，你可能就会有这样的感觉。在每一次打包降落伞的过程中，你变得越来越优秀，越来越自信，技能也越来越娴熟，每一次的跳伞也会变得愈发轻松。

你有三种从活动梯上跳下去的基本选择：

1. 被推下去——像我第一次那样。

2. 像第一次跳水的孩子一样，蹲下，小心翼翼地将一只脚踩在活动梯边缘，一点点慢慢地朝地面挪。

3. 头朝下跳下去。最后一种方式是最好的，因为头朝下时你会全力投入，身体重心全在脑袋，俯冲的姿势就仿佛是反方向飞跃高楼的超人。如果整个队伍即刻俯冲下来，你能想象看着队友们从活动梯子上跳下去是多么激动人心的事情吗？如果你排在最后，那么你肯定是最后一位跳下活动梯的队员，你需要俯冲追赶其他人——这就是全力以赴的感觉，这就是势不可挡团队的一部分。在这个世界上存在着各种各样有待解决的挑战，同时也存在着各行各业的人才有待召集去解决这些挑战。关键在于，谁会一马当先担起领导这些人才的职责呢？

建立团队的指示灯已经由红转绿了。你的团队正在等待之中……等待你率先采取措施。

准备好了！就是现在！冲！冲！冲！

致谢

　　写书是一件孤单而费力的事情，在这个过程中，一个人被长时间囚禁于孤独之中。我发现写作是疑虑与决心之间的一场斗争，在此期间，"唠叨者"十分活跃，而"低语者"安静如斯。我怀疑，那种独自静坐却内心愉悦，妙笔生花而奇思不断，带着相对轻松的心情创造一页接着一页的流畅作品的作家，是大有人在的。可惜我不是。老实说，我甚至都不太喜欢独自工作，于我而言，工作往往是与团队相关的。我生命中每一次的重要成就都与团队息息相关。尽管在写这本书的过程中，我独自花费了无数个小时，但这本书依然是一支势不可挡团队的合作结晶。我有两个持久的敌人——拖延和自我怀疑，每天早上我们都要与之进行一场恶战。值得庆幸的是，我还有愿意与我携手反击这些狡猾对手的队友。关于我的这些队友是如何帮助我战胜我的最大敌人（我自己）的事迹，我可以写整整一章。很少有书籍会冠上超过两三位作者的姓名，我对此很遗憾。如果书封上的空间足够，我十分愿意把其他人的名字排在我的前面。

接下来我想说，我尝试着刻画出队友们为此付出的深刻而广泛的努力，让这本书顺利出版。

从清晨日出到日暮后的很长一段时间，我的"游泳伙伴"詹妮弗·赖安·米尔斯（Jennifer Ryan Mills）总是和我一同投身于一线工作，正是她沉着冷静而坚定不移的指导与鼓励，使得我在低沉失落的时刻振作起来。她连续好几个月一边为我清理写字台，一边掌控着这艘载着四个充满活力的男孩的家庭之船，使其在自己的航道上稳稳行驶。如果不是詹妮弗坚定的支持，不停在我耳边低语"坚持下去"，这本书根本不可能面世。另一方面，我的几位正在培养之中的团队领导者们——亨利、查理、约翰、威廉，在爸爸辛苦地在一个"写作间"（其实是一个带洗澡间和桌子的储藏室）中辛苦耕耘时，表现得格外配合。他们只会在写作间外面玩耍，在我无法陪伴他们的时候，他们也鲜少抱怨。我耳边常常回荡着他们的各种声音，有笑声、哭泣声、欢呼声，而这些是激发我斗志、鼓励我继续前行的不竭源泉。

一方面，我的家人支持着我不断尝试；另一方面，另一支队伍也在不断为我设立挑战，敦促我加倍努力。我的编辑——哈珀商业出版社的霍利斯·海姆布赫（Hollis Heimbouch），又称"超级霍"，以及她的超棒的团队，自始至终一直是我的"游泳伙伴们"。"超级霍"一直斗志昂扬，同时她会迫使我去完成一些我原以为不可能完成的任务。她懂得关怀，她的行为阐释了什么是无私关怀，鼎力支持队员们的领导人。"超级霍"具备这样一种超能力：她可以将我庞芜而杂乱的思绪厘清，将这些文字重新改写，表达出我的原意。尽管写作是一件孤单的事，但有她（以及她的团队）为我编辑掌舵，我从来不觉得孤单。

接下来是我的代理人贾德·拉吉（Jud Laghi），又称"火车头贾"。这是一个非常贴切的昵称，他是永不停歇的内燃机车火车头，他为团队提供翻越山丘的动力，让团队持续前进。他不知疲倦，不停运载。在写作这本书的漫长旅程中，贾德扮演了许多角色，但无论什么角色都不及一直接听我的电话来得重要。他和我其他的队友一样，一直支持着我，能拥有像他这样一位朋友、同事兼游泳伙伴，我感到十分幸运。

如果"火车头贾"是机车头，那么我的经理卡罗琳·莫纳克（Carolyn Monaco，又称莫纳克妈妈）就是机车引擎了，她总是能按时完成任务。早在写作这本书还是一个小小的提议时，她就一直不断地在我耳边低语："再迈出一步……让我来教你怎么做。"莫纳克妈妈做了对这本书的介绍，为我设定了日程，教我如何按日程执行写作计划。虽然这本书只是她监督之下的许许多多的副产品之一，但我会永远感激她对我的支持和信任。

每列火车都需要一名让一切正常运转的售票员，而我的售票员则是芭芭拉·卡拉巴洛（Barbara Caraballo，又称超级芭）。我经常称她为空中的天使，因为就算我很少看见她（我们的居住地相隔 5000 公里），但我们之间却总是只有一个电话、一封邮件、一条短信的咫尺之距。这位售票员一直让火车准点运行——一直如此。超级芭一直秉持着"能够完成"的积极态度，对于我完成这本书，圆满点上"这"字的一点，划上"这"字的交叉有着十分重要的意义……还有许许多多其他人给予了我支持。

我的妻子、儿子们、超级霍（包括整个哈珀团队）、火车头贾、妈妈莫纳克、超级芭都是我的队友，而同样地，其他人也对我产生了影响，为我创作这本书提供了素材和经验。当我就读于肯特高中帆船俱乐部（KSBC）时，在哈特·佩里（Hart Perry）教练和埃里克·休斯顿（Eric Houston）的指导下，我学会了团队合作的技巧，见证了团队合作的影响力；海军学校的队员们、里克·克洛蒂埃（Rick Clothier）教练、罗德尼·普拉特（Rodney Pratt）教练则教会我将注意力从自私自利转移到无私为公；海豹团队、道格·洛（Doug Lowe）指挥官、大卫·莫里森（David Morrison）指挥官、查克·洛基特（Chuck Lockett）指挥官、以及我的首长们、上级士官们、我的海豹小队的队员们，是我遇见过的最优秀的队友。从我最初的创业游泳伙伴马克·弗里德曼（Mark Friedman），到后来的安德鲁·莫里森（Andrew Morrison）、伊恩·科特·麦克科尔（Ian Coats MacColl）、克里斯塔·斯科夫（Christa Skov）、瓦莱丽·奥布莱恩（Valerie O'Brien）和戴夫·霍利斯特（Dave Hollister），我们一次次共同战胜了所有困难，我们的团队因此日臻完美。在同这些伙伴合作的过程中，我并没有遇到阻碍，而是充满机遇，于是我称其为"平民海豹部队"。

当然，如果不向我的父母表示感谢，那么感谢注释也是不完整的。我很幸运，有两对父母：我的父亲、母亲和岳父、岳母。我的父母乐此不疲地在我耳边低语说："你可以做到的。一切取决于你自己。"如果不是他们在最开始坚持压制我内心的"抱怨者",这本书势必难以完成。

　　父母的鼓励是我耳边最初的低语声,正是这样的声音使我踏上了一条永久改变我生活的道路。至于我的另外一对父母——我从来没把他们视作姻亲——岳父岳母代表着另一种低语者,他们会放大我生活中原本的低语声(比如上面提到的这些人),这些低语声的发出者会始终保持准备的姿态,准备给予我支持,给予我鼓励,或者仅仅只是在合适的时机,像我的自由落体军事训练的教官那样,喊出契合主题的口号:"该跳了。冲!冲!冲!"

　　向我所有的队友致以感激、爱,以及敬意!

奥尔登